歩いて楽しむ

若狭・琵琶湖・近江

JN023489

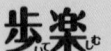

CONTENTS

古街道とむかし町を歩く

1……古街道

近江は道の国といわれる。江戸時代、五街道の
うち東海道、中山道が通り、また北陸と結ぶ道も
発達して、物資や文化を運んだ。近江商人の
活躍も道の発達なしには語れない。

〈保永堂板〉東海道五拾三次之内 石部 歌川広重
大津市歴史博物館蔵

1) 石部の町並み 2) 広重が描いた茶屋を再現した石部の田楽茶屋

東海道
とうかいどう

参勤交代の大名行列も
弥次・喜多も通った道

　畿内と東国を結ぶ道として古代から開かれ、
江戸時代には江戸日本橋から京三条へ、さら
に大坂まで結んでいた。近江では土山、水口、
石部、草津、大津の5宿が置かれ、街道を中
心に集落が発達。今も名残を留めている。

大津➡ **P16**　草津➡ **P46**　石部➡ **P56**　水口➡ **P62**

懐かしさを探して 古街道と

朝鮮人街道
ちょうせんじんかいどう

徳川将軍の代替わりに訪れた
朝鮮通信使がたどった道

　近江では野洲で中山道から離れ、近江八
幡を経て彦根城下に入り、鳥居本で再び中
山道に戻る約40kmの道を指す。徳川将軍
の上洛時と朝鮮通信使のみが使う吉道とい
われる。　近江八幡➡ **P72**

近江八幡に立つ標石

1) 熊川宿の復元関所 2) 小浜の鯖街道ミュージアム（→ P148）

鯖街道
さばかいどう

若狭の海産物を京へと
運ぶいくつもの道が発達

　小浜と京を結ぶ道は、近江を通る道に限っ
てもひとつではない。熊川、今津を経て西近
江路をたどる道。今津と大津を結ぶ湖上の道。
熊川から朽木を抜ける道も鯖街道の名がある。

小浜➡ **P146**　熊川宿➡ P172C4
今津宿➡ P173E4　朽木➡ P166B1

中山道
なかせんどう

将軍徳川家茂に嫁いだ
皇女和宮一行も通った

　江戸日本橋を出て、信濃、木曽を回り、近江から京へ入る69宿の道。参勤交代の制度化にともない整備された。近江では柏原、醒井、番場、鳥居本、高宮、愛知川、武佐、守山、草津の9宿。彦根、安土、近江八幡の町を通る。

近江八幡➡ **P72**　安土➡ **P78**
彦根➡ **P102**　醒井・柏原➡ **P116**

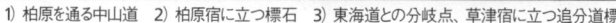

1) 柏原を通る中山道　2) 柏原宿に立つ標石　3) 東海道との分岐点、草津宿に立つ追分道標

むかし町を歩く

北国街道
ほっこくかいどう

中山道、東海道と結び
街道集落は大いに賑わう

　鳥居本（現彦根市）の北方で中山道と分かれ北陸へと続く道。近江では米原、長浜、木之本、柳瀬、椿坂、中河内に宿駅が置かれた。長浜、米原は湖上交通の港があり、また木之本は中山道・関ヶ原宿と結ぶ道が通り、賑わった。

長浜➡ **P120**　木之本➡ **P128**

1) 長浜を通る
北国街道
2) 木之本宿に
残る道標

2……むかし町

城下町や宿場町の雰囲気を残す町、近江商人の
発祥地といわれる町など、歴史を感じさせる地が
琵琶湖周辺には多く残る。足を運べば、
時を遡る旅がきっと待っていることだろう。

近江八幡
おうみはちまん
**豊臣秀次が近江43万石の
城下町として基礎固め**

　わずか5年の城主ながら、秀次が実施した楽市楽座や商人の保護により、海外に雄飛する商人を生んだ。国の重要伝統的建造物群保存地区の八幡堀あたりには、旧八幡の町の雰囲気がよく残る。武佐宿など中山道の雰囲気漂う所も。➡ **P72**

旧西川家
住宅などの
町家が並ぶ
新町通り

1）秀次が造った八幡堀　2）昭和初期建築のヴォーリズ記念館　3）明治の洋館、白雲館

日野
ひの
**千両店と呼ばれる出店を
各地にもつ日野商人**

　蒲生氏の日野城城下町として発展。商業を保護した蒲生氏郷の転封先の会津へ行商する者が続出し、近江商人の町となった。質素倹約を旨としながら、豪商の底力を感じさせる屋敷が数多く残り、町歩きを楽しくさせる。
➡ **P96**

1）日野の清水町の町並み　2）日野祭の曳山

五個荘
ごかしょう

天秤棒1本から始めて
千両の豪商となる

　江戸後期から昭和初期に
かけて、多くの豪商を輩出し
た五個荘。古い町並みや屋
敷の保存活動が活発で、金
堂地区のほか川並、竜田な
どにも豪商の屋敷が残ってい
る。2～3月には「商家に伝
わるひな人形めぐり」、4～5
月には「商家に伝わる武者
人形めぐり」も開催される。
➡ **P84**

1）寺前・鯉通りの水路には鯉が泳ぐ
2）金堂の町並み

長浜
ながはま

秀吉が興した城下町と
その後の繁栄を伝える

　羽柴（豊臣）秀吉が小谷城攻めの
功により、江北の12万石を領して築
いた城下町。元和元年（1615）廃城
となったのちも、商工業の町、港町と
して栄えた。北国街道沿いの旧家や
江戸時代の町並みを生かした黒壁ス
クエアなど観光名所が多い。➡ **P120**

1）黒壁スクエア
（黒壁5號館 黒
壁AMISU）
2）黒壁ガラスス
タジオ 3）大通
寺門前 4）往時
の雰囲気を残す
北国街道

慈愛に包まれて
観音を歩く

古くは山岳仏教の地として、平安時代には
比叡山の影響下に多くの寺院が建立された近江と若狭小浜。
寺なき後も住民の手で大切に守られる仏像もある。
なかでも美しい観音像を紹介しよう。

どうがんじかんのんどう
（こうげんじ） **渡岸寺観音堂**（向源寺）

国宝 ### 木造十一面観音立像

平安初期を代表する
美しい国宝の観音

像高は約195cm。頂上面を除く宝髻
から蓮肉まで一木彫成。腰をわずか
にひねり、衆生を救おうと、右足を
踏み出している。頂上仏は菩薩相で、
左右の一面を耳の後ろに大きく表現
するなど、密教系の特徴が見られる。

渡岸寺観音堂（向源寺）➡ **P131**

三井寺（園城寺）みいでら（おんじょうじ）

重文 ### 木造十一面
観音立像

笠が脱げるほど参拝者が
多く詰め掛けた観音

もとは三井寺別所の尾蔵寺の本尊だったといい、「笠
ぬげ観音」として信仰を集めていた。現在は山内の
文化財収蔵庫で拝観できる。重要文化財に指定され
る平安時代作の檜の一木造で、裳の朱彩や截金による
花文が残る。像高81.8cmの小像ながら、頬や肉
付きは豊かで、堂々たる風格が漂う。

三井寺 ➡ **P20**

石道寺 | しゃくどうじ

重文 木造十一面観音立像

唇に朱を残した
「村の娘さん」

平安時代中期の作で、ケヤキの一木造、像高約173cm。長年秘仏とされてきたため保存状態は良好で、ところどころに彩色が残る。井上靖が小説『星と祭』で「村の娘さんの姿をお借りになって」と書いた、素朴で優し気なお顔も印象的。重要文化財。

石道寺 ➡ P132

鶏足寺 (己高閣) | けいそくじ (ここうかく)

重文 木造十一面観音立像

井上靖『星と祭』では
「村一番の美しい内儀さん」

もとは己高山中にあった鶏足寺の本尊。現在は収蔵展示施設の「己高閣」に安置され、住民により守られている。平安初期に造られた檜の一木造で、像高約182cm、重要文化財に指定されている。素朴で親しみやすい表情が特徴。 己高閣 ➡ P133

石馬寺 | いしばじ

重文 木造十一面観音立像

仏像の宝庫の古寺には個性的な観音像も伝来

聖徳太子が創建したと伝わる石馬寺の宝物殿には、11体もの重要文化財の仏像がある。そのうち2体が平安時代の十一面観音立像。ともに一木造だが、一方は力強く、一方は穏やかで優しい佇まいを見せている。

石馬寺 ➡ P86

羽賀寺 | はがじ

重文 木造十一面観音立像

美しい彩色と女性的な表情が印象的な観音像

行基が女帝・元正天皇の勅願で建立したと伝わる羽賀寺の本尊。像高146.4cm、カヤの一木造で、重要文化財。元正天皇の姿を写したという典雅な像だ。厨子には、鳳凰と桐紋が刻まれている。

羽賀寺 ☎0770-52-4502
🏠 小浜市羽賀83-5 🎫 拝観
400円 🕐9:00 ～ 16:00
🗺 P172A2

本書の使い方 📖

【コースの見方】

●コースのデータ
コースの歩行時間、距離、おすすめの季節を紹介しています。歩行時間は取材時のものですが、個人差がありますので目安としてご利用ください。途中の見学時間は含みません。コース左端の「半日コース」「1日コース」は、見学時間などを含めたコースの目安です。4時間程度までを半日、それ以上を1日としてあります。なおほとんどのコースの徒歩時間は3時間以内ですが、石部・小谷城跡など一部は3時間を超えています。

●コースの概要
本文では紹介しているコースのみどころや歩き方を、「おさんぽアドバイス」ではコースを歩く上での注意点やポイントなどを、紹介しています。

●みどころダイジェスト
紹介するコースのダイジェストが見られます。また、各観光スポットにかける所要時間の目安も紹介しています。

●スタート＆ゴール
コースのスタート地点とゴール地点の鉄道駅またはバス停を記載しています。また、スタート地点までのアクセス、ゴール地点からの帰り方も紹介。

●高低図
スタート地点からゴール地点までの道の上り下りを示しています。それぞれの地点は本文の番号と対応しています。

[大津・湖南] コース6 草津

東海道・中山道の旅と宿場の賑わい

●歩く時間 >>>
約1時間

●歩く距離 >>>
約4.2km

●おすすめ季節 >>>
春🌸 秋🍁

江戸時代、東海道と中山道の合流する草津は宿場町として賑わい、旅籠百余を数えた。コースの最初は商店街だが、旧草津川隧道を南へ抜けたあたりから宿場の面影が濃くなる。追分道標、高札場、本陣、脇本陣跡のカフェ、街道交流館などが並び、立木神社を過ぎても矢倉道標、野路の玉川などのみどころがある。

おさんぽアドバイス

スタート直後、覚善寺門前の大路井道標（明治期）も見ておきたい。霊水で知られる小汐井神社（中山道最初宮）へも参詣。

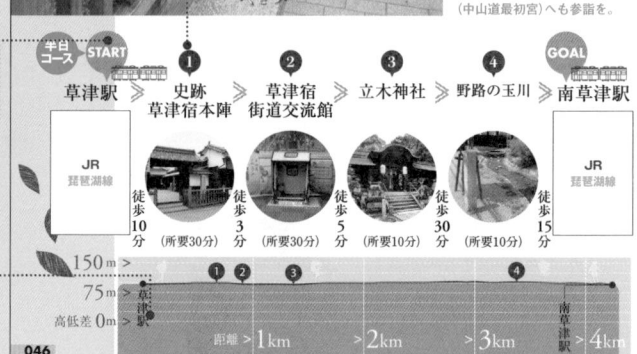

半日コース START	①	②	③	④	GOAL
草津駅	史跡 草津宿本陣	草津宿 街道交流館	立木神社	野路の玉川	南草津駅
JR 琵琶湖線					JR 琵琶湖線
徒歩10分	徒歩3分 (所要30分)	徒歩5分 (所要30分)	徒歩30分 (所要10分)	徒歩15分 (所要10分)	

150m >
75m >
高低差0m >

草津駅　①②③　距離 >1km　>2km　>3km　南草津駅 >4km

④

046

【データの見方】

観光スポット

③ 水口城跡（水口城資料館）
みなくちじょうあと（みなくちじょうしりょうかん）

矢倉の中は資料館

　徳川家光が上洛に先立ち、途次の宿館として小堀遠州に造らせたのが水口城。のちに水口藩主加藤氏代々の居城となったが明治維新で廃城。平成3年、出丸部分に往時の本丸矢倉を再現。内部に水口城や水口藩の資料を展示する。

☎0748-63-5577
🏠甲賀市水口町本丸4-80
💴100円（歴史民俗資料館との共通券200円）
🕙10:00～17:00
❌木・金曜
🗺P63A3

③ 水口城跡（水口城資料館）	●スポット名
☎0748-63-5577	●電話番号
🏠甲賀市水口町本丸4-80	●所在地
💴100円（歴史民俗資料館との共通券200円）	●入館（拝観）料
🕙10:00～17:00	●開館（拝観）時間
❌木・金曜	●休館（閉門）日
🗺P63A3	●地図掲載位置

【地図の見方】

地図記号の主な凡例					
卍 寺院	田 病院	Ⓢ スーパーマーケット	♀ バス停	🏪 セブンイレブン	🏪 その他コンビニエンスストア	☕ カフェ	📷 見る
〒 神社	🏦 銀行	✈ 空港・飛行場	🅷 宿泊施設	🏪 ファミリーマート	🍴 レストラン	🛍 ショップ	卍 寺院
✝ 教会	🚥 信号機	🚻 トイレ	🏪 ローソン			🍶 バー・居酒屋	〒 神社

●スタート地点

鉄道駅またはバス停からのスタートとなっています。スタート地点までの鉄道路線名もしくはアクセスは、各コースの1ページ目に記載しています。

●進行方向

各コースの進行順路を→で示しています。

●スタート地点からの距離

スタート地点からの距離を1kmごとに記載しています。

●紹介スポット

各コースで紹介するスポットには番号が入っています。それぞれの番号は、本文の番号と対応しています。

●お立ち寄りスポット

散策の途中に立ち寄りできるスポットを紹介しています。

●ワンポイント

コースで紹介できないみどころや特徴的な通りの紹介、ガイドの補足などをしています。

●ゴール地点

鉄道駅またはバス停をゴールとしています。ゴール地点からの鉄道路線名もしくは最寄駅までのアクセスは、各コースの1ページ目に記載しています。

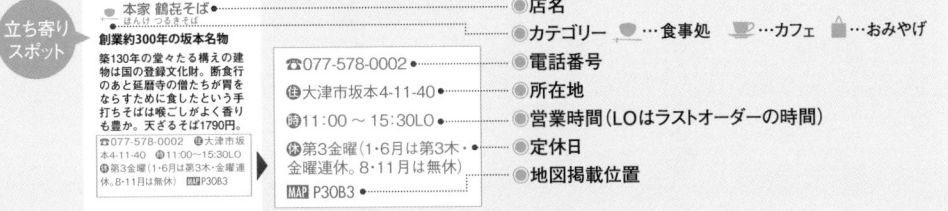

● 本家 鶴喜そば	●店名
🍴 創業約300年の坂本名物	●カテゴリー 🍴…食事処 ☕…カフェ 🎁…おみやげ
☎077-578-0002	●電話番号
🏠大津市坂本4-11-40	●所在地
⏰11:00 ～ 15:30LO	●営業時間（LOはラストオーダーの時間）
休第3金曜（1・6月は第3木・金曜連休。8・11月は無休）	●定休日
MAP P30B3	●地図掲載位置

立ち寄りスポット

築130年の堂々たる構えの建物は国の登録文化財。断食行のあと延暦寺の僧たちが胃をならすために食したという手打ちそばは喉ごしがよく香りも豊か。天ざるそば1790円。
☎077-578-0002 🏠大津市坂本4-11-40 ⏰11:00～15:30LO 休第3金曜（1・6月は第3木・金曜連休。8・11月は無休） MAP P30B3

047

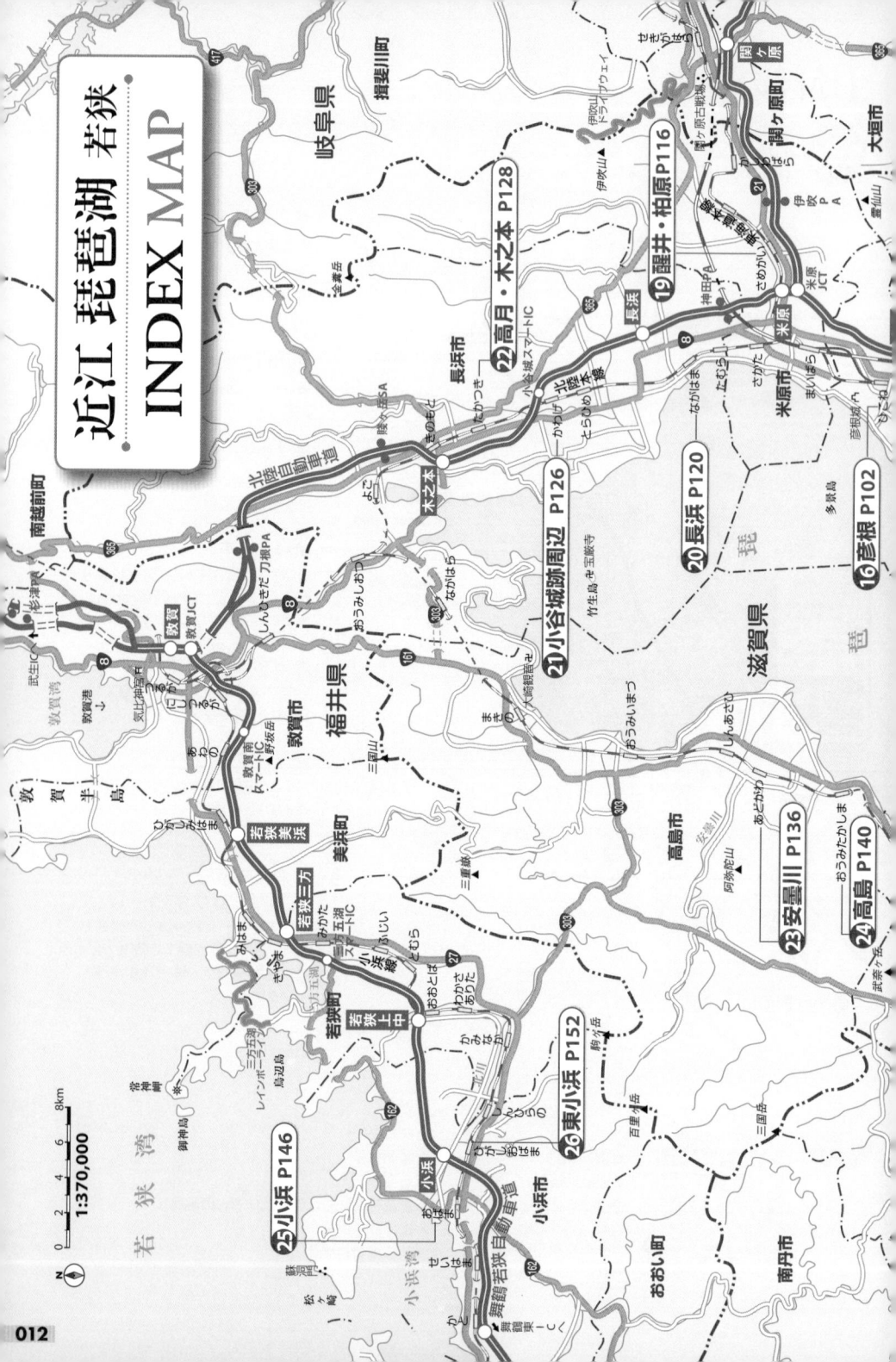

近江 琵琶湖 若狭 INDEX MAP

⑯彦根 P102

⑲醒井・柏原 P116

⑳長浜 P120

㉑小谷城跡周辺 P126

㉒高月・木之本 P128

㉓安曇川 P136

㉔高島 P140

㉕小浜 P146

㉖東小浜 P152

岐阜県

福井県

滋賀県

南越前町

敦賀市

若狭美浜

美浜町

若狭町

高島市

安曇市

小浜市

おおい町

南丹市

1:370,000

0 2 4 6 8km

若狭湾

天下の佳景
近江八景
おうみはっけい

中国の北宋時代に成立したといわれる洞庭湖周辺の情景を集めた「瀟湘八景図」にならって、琵琶湖南部から8カ所の名所を選んだもの。江戸初期に成立し、歌川広重の「近江八景」などで有名となった。日本各地にある「八景」のうち最もよく知られているものの一つ。

石山秋月（石山寺）
いしやまのしゅうげつ

近江八景の第一。紫式部の『源氏物語』起筆伝説など、石山寺と月の関わりは深い。毎年開催される「秋月祭」では、特に美しいといわれる石山の秋月を月見亭越しに堪能できる。

石山寺 ➡ P43

瀬田夕照（瀬田の唐橋）
せたのせきしょう

琵琶湖から流れ出る唯一の川、瀬田川に架かる唐橋は、日本三名橋の一つに数えられる。古くはさらに下流にあり、渡来人の技術で唐様の反りをもった橋が架けられていたといわれる。

瀬田の唐橋 ➡ P44

粟津晴嵐（粟津原）
あわづのせいらん

京阪電車石山坂本線粟津駅東側のあたりは、夏の日射や冬の降雪から旅人を守るため、江戸幕府が植えた松並木が続いていた。晴嵐とは湖上のもやが晴れて常緑の松並木が現れるさま。

粟津原 ➡ P164B2

矢橋帰帆（矢橋）
やばせのきはん

草津宿の南、瓢泉堂の角から矢橋の港に通じる道が分岐する。港は坂本や大津を結ぶ船の発着場として賑わい、白帆を立てた船が盛んに往来した。公園となった港跡に常夜燈が残る。

矢橋帰帆島 ➡ P164B2

三井晩鐘（三井寺）
みいのばんしょう

三井寺は平安時代に智証大師円珍が天台別院とし、天台寺門宗総本山として信仰を集める。梵鐘は慶長7年（1602）鋳造で、音のよいことで名高く、日本三名鐘に数えられている。

三井寺 ➡ P20

唐崎夜雨（唐崎神社）
からさきのやう

湖岸の唐崎に立つ日吉大社の摂社、唐崎神社。境内には四方に枝を張った松があり、珍しい一本葉であったという。今も先代の松を偲ばせる姿のよい松が、境内に育っている。

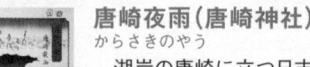

唐崎神社 ➡ P164B1

堅田落雁（浮御堂）
かたたのらくがん

浮御堂の正式名は海門山満月寺。平安中期、恵信が千体仏堂を湖中に建て、湖上安全、衆生済度を祈願したという。「峰あまた越えて越路にまづ近き堅田になびき落る雁かね」近衛信尹公。

浮御堂 ➡ P164B1

比良暮雪（比良山系）
ひらのぼせつ

琵琶湖西岸に連なる1000mを超す比良連峰。雪をいただいた峰が落日に染まる光景を、琵琶湖越しに眺めるとき、あまりの神々しさに、西方にあるという浄土を感じたとも伝わる。

比良山系 ➡ P166B3

絵画は、歌川広重画「近江八景・魚栄板」。大津市歴史博物館（➡P20）で見ることができる

［近江 琵琶湖 若狭］
大津・湖南

古代からの歴史が密度濃く残る地域。
焼き物の窯元めぐりや祭り見物も楽しい

1

琵琶湖
米原○
近江高島○
彦根○
近江八幡○
大津・三井寺
★
草津

［大津・湖南］

大津三井寺
・おおつ・
・みいでら・

●歩く時間 >>>約1時間20分 　　●歩く距離 >>>約5.8km

半日コース　START

大津駅

JR
琵琶湖線

❶
大津祭曳山
展示館

徒歩
10分

（所要20分）

❷
琵琶湖疏水

徒歩
15分

（所要5分）

❸
長等神社

徒歩
5分

（所要20分）

徒歩
2分

200m >

100m >

高低差 0m >

大津駅

❶

❷

❸

❹

距離 >1km 　　　>2km

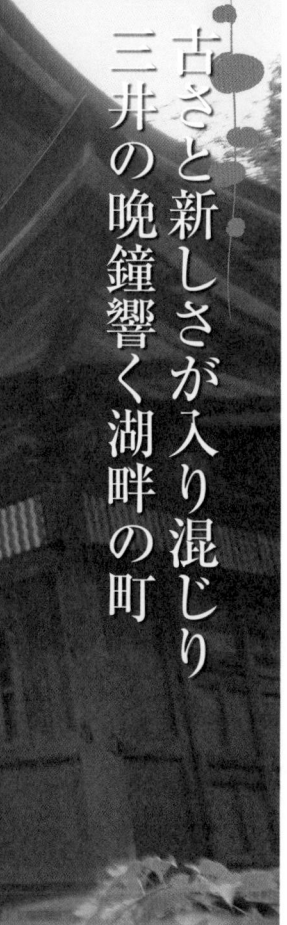

三井の晩鐘響く湖畔の町
古さと新しさが入り混じり

大津祭曳山展示館前の壁面を彩る
タイル画

大津は、さまざまな時代が重層する不思議な町。地名は大きな港の意。古代に大津宮が置かれ、平安期には都への物資中継港として重視された。豊臣政権下の城下町が現市街地の原型で、徳川期には城が膳所へ移され商業都市に変貌。大津百町と呼ばれるまでに繁栄した。重要拠点として幕府天領へ組み入れられ、代官支配のもと宿場町、港町、三井寺門前町として発展してきたのである。江戸期の商家や民家、明治期の町家、昭和期の洋館が入り混じり、湖岸に高層ビルも立ち並ぶ。そこへ三井の晩鐘が響く。江戸期町衆の実力がうかがえるのは、天孫神社例祭として行われる大津祭だ。祭り本番の10月に訪れるのが一番だが、雰囲気は曳山(ひきやま)展示館で感じることができる。見逃せないのはやはり三井寺。境内にみどころが多いだけでなく、周囲に大津宮関連遺跡も点在する。

おさんぽアドバイス

JR大津駅を起点としたが、京阪びわ湖浜大津駅から歩いてもいい。大津祭曳山展示館は、アーケードの商店街の通りに面して入口がある。法明院へは急坂でわかりにくく、やや心細い道だが、山寺の風情が楽しめる。

● おすすめ季節 >>> 春 (3〜4月)

 ④ 三井寺
（園城寺）

 ⑤ 大津市歴史博物館

 ⑥ 弘文天皇陵

 ⑦ 法明院

 **GOAL** 大津京駅

（所要50分）

徒歩5分

（所要50分）

徒歩15分

（所要5分）

徒歩10分

（所要15分）

徒歩15分

JR
湖西線

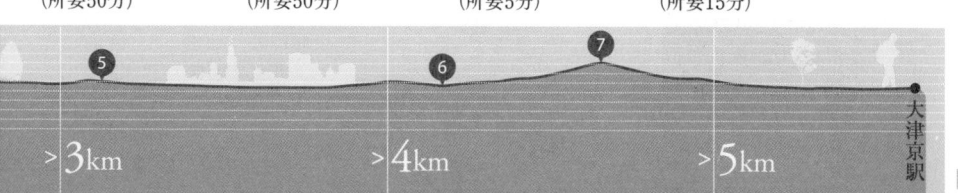

> 3km

> 4km

> 5km

大津京駅

大津・三井寺

広域図は
P164へ

N 0   100m
1:13,000

近江神宮前駅へ
唐崎駅へ
皇子が丘（一）
大津京駅
ゴール
皇子が丘（三）
茶が崎
体育館
皇子が丘公園
京阪大津京駅
皇子が丘（二）
茶が崎
山上町
湖西線
ここまで
5km
茶ヶ崎
皇子が丘公園
テニスコート
西念寺
皇子山球場
皇子山中
尾花川
7 法明院
新羅善神堂
ここまで
4km
皇子山総合
運動公園
尾花川
琵 琶 湖
フェノロサ墓
中署
大津市役所前駅
6 弘文天皇陵
大津市役所
びわこボートレース場
長泉寺
陸上競技場
大津商高
大津市
市民文化会館
ここまで
3km
御陵町
観音寺
5 大津市歴史博物館
↓大津港
光浄院
円満院
大津市伝統
芸能会館
2 琵琶湖疏水
大津港マリーナ
4 三井寺（園城寺）
金堂
大門
（仁王門）
大門通
浜大津（四）
ミシガンクルーズ
P20 乗り場
一切経蔵
CV
れすとらん風月
P21
三井寺駅
大津港口
浜大津（五）
三重塔
唐院
勧学院
長等小
浜大津（三）
明日都大津
園城寺町
法泉院
龍泉院
三井寺力餅本家
図書館
浜大津（二）
びわ湖浜大津駅
宝寿院
万徳院
文化財収蔵庫
長等
（三）
浜町
円宗院
微妙寺
ここまで
2km
浜大津（一）
みずほ
毘沙門堂
観音堂
長等
（二）
ここまで
1km
中央
（一）
3 長等神社
大津赤十字
看護学校
本要寺
旧大津公会堂
琵琶湖疏水
P21 **大津絵の店**
三井寺町
観念寺
長等（一）
平井酒造
平井酒造
大津別院
中央（二）
小関町
両国寺
大津大神宮
三橋節子美術館
大津赤十字病院
P21 元祖 阪本屋
京町
京町（二）

ながら こうえん
長等公園
三井寺の山号の長等は歌
枕で知られ、県下初の都
市公園として明治に設置
された。琵琶湖が遠望で
きる桜の名所。

1 大津祭曳山展示館
上栄町駅
御幸町
末広町
逢坂（二）
春日町
スタート
ビエラ大津
大津駅
4
神出開町
大谷町
琵琶湖線（東海道本線）
御陵町
逢坂（一）
山科駅へ
山科駅へ

A B C

① 大津祭曳山展示館
おおつまつりひきやまてんじかん

いつでも大津祭を体感できる

湖国三大祭の一つで、例年10月上旬に行われている大津祭を紹介する。原寸大の曳山模型を中心に、町家の町並みを再現。大画面によるお祭りの映像やお囃子体験コーナーなどで、お祭りムードをたっぷりと味わうことができる。

☎077-521-1013　⊕大津市中央1-2-27
🈯無料　🕘9:00〜18:00　🈺月曜(祝日の場合は翌日)　🅜P18C3

精巧な原寸大の西王母山レプリカ

からくりを乗せた豪華な曳山が巡行する大津祭
･･･････････

大津駅の北にある天孫神社の例祭で、約400年の歴史がある。大津独自の精巧なからくりを乗せた絢爛豪華な13基の曳山が、コンチキチンのお囃子も賑やかに10月体育の日の前日(日曜)の本祭に町中を練り歩く。

② 琵琶湖疏水
びわこそすい

今も現役、京都へ水を送り続ける

琵琶湖の水を京都へ引くため明治に建設された琵琶湖疏水は、大津市三保ヶ崎が取入口。水路面は傍らの坂道と逆に山へ向かうにつれ深くなる。長等山を貫く2436mの水路トンネルは建設当時国内最長だった。壁のレンガ積や鋳銅製の柵がみどころ。両岸の桜並木が見事だ。

☎077-522-3830(大津駅観光案内所)　⊕大津市観音寺・三井寺町　🈯見学自由　🅜P18B3

春は見事な桜に包まれる

③ 長等神社
ながらじんじゃ

『平家物語』忠度の故事を伝える

大津京の鎮護社として創建され、のちに三井寺の守護神となった。境内には朱塗りの楼門や、ブロンズ製の狛犬、京へ入る前に馬の身を清めたという馬神社などがあり、また平忠度が平家都落ちの際に託した歌の碑が再現されている。春の八重紅枝垂桜、秋の紅葉も見事。

☎077-522-4411　⊕大津市三井寺町4-1
🈯境内自由　🅜P18B3

「さざなみや志賀の都は荒れにしを昔ながらの山桜かな」の再現歌碑

古様式を再現した楼門は明治の完成

❹ 三井寺（園城寺）
みいでら（おんじょうじ）

近江八景「三井の晩鐘」が鳴る

大友皇子の子の創建と伝わり、貞観元年（859）円珍が天台別院として再興。境内にある三帝（天智・天武・持統）産湯の霊泉が三井の名の由来。国宝の金堂をはじめ、一切経蔵、唐院、「弁慶の引き摺り鐘」など伝説も織り交ぜてみどころが多い。境内南端の観音堂は西国三十三所観音霊場第14番札所。

☎077-522-2238 ⓰大津市園城寺町246 ⓰600円 ⓯8:00〜17:00（文化財収蔵庫は⓰別途300円、⓯8:30〜16:30） MAP P18A3

宝徳4年（1452）建立の仁王門は重要文化財

観光クローズアップ

◎ ミシガンクルーズ
みしがんくるーず

外輪船で湖上の爽快さを満喫

ミシガンは大津港発着で琵琶湖の南部を周遊する外輪船。60分、80分、ナイトの3コースがあり、スカイデッキからのパノラマビューのほか、多彩な食事や音楽ライブなども楽しめる。

☎0570-052-105（ナビダイヤル：琵琶湖汽船）⓰大津市浜大津5-1-1（大津港発着）⓰2300円〜 MAP P18C3

上）大型の外輪船
左）船内はレトロでゴージャス。本格的なブュッフェ料理も楽しめる

モダンな建物の中、楽しんで学ぶ歴史が展開される

❺ 大津市歴史博物館
おおつしれきしはくぶつかん

遺跡との相乗効果で想像力アップ

大津市内で発掘された出土品や文化財、歴史資料、民俗資料などを展示。力を入れている縮尺復元模型、ジオラマ、映像などが印象深い。地元関係の特別展も多い。寺社や遺跡を訪れる前後に見れば、想像力もパワーアップする。

☎077-521-2100 ⓰大津市御陵町2-2 ⓰常設展330円 ⓯9:00〜17:00 ⓱月曜（祝日の場合は開館）、祝日の翌日（土・日曜を除く） MAP P18A2

❻ 弘文天皇陵
こうぶんてんのうりょう

悲運の皇子を祀る御陵

壬申の乱で敗死した大友皇子（天智天皇第1皇子）は、明治3年（1870）明治天皇により弘文天皇と追諡され、長等山麓のこの地に御陵が設けられた。小規模ながら静謐で厳粛な雰囲気の御陵は、悲運の皇子にふさわしい。

🏠大津市御陵町3　🕐参拝自由　MAPP18A2

上）正式名は弘文天皇長等山前陵　下）入口が開いていれば参拝可

❼ 法明院
ほうみょういん

日本文化を愛した哲人が眠る

明治の日本美術復興に助力し、東京美術学校設立にも関与した東洋美術史学者フェノロサの墓が、境内の奥にある。三井寺一帯の景勝を好んだ彼は、渡欧中のロンドンで客死。仏教に傾倒し、得度受戒したこの地への埋葬を遺言したという。

杉林の中にあるフェノロサ墓

☎077-522-2238（三井寺）
🏠大津市園城寺町246
💴庭園入園志納100円
🕐日出〜日没　MAPP18A2

🏴 歴史を学ぶ

古代史上最大の内戦、壬申の乱

天智天皇崩御後の672年に起こった。天智天皇の皇太子・大友皇子と天智天皇の実弟・大海人皇子の後継争いが主原因とされる。動員数は古代最大規模。各地の戦い、そして瀬田川決戦に破れた近江朝側がわずか1ヵ月で敗北、大友皇子は山前で自死した。大海人皇子は収束した大和飛鳥に戻り、即位して天武天皇となった。皇子を棄てて都を大津宮から飛鳥に戻し、即位して天武天皇となった。

弘文天皇（大友皇子）御陵

おさんぽの途中に！

立ち寄りグルメ＆ショップ

🏠 大津絵の店
おおつえのみせ

江戸初期発祥の伝統民画

仏画から始まる大津絵はその昔、東海道みやげとして人気を集めた。墨、朱、緑などの原色で、のびやかに描かれる。鬼の寒念仏、藤娘などが有名。手彩色絵葉書5枚組660円。

☎077-524-5656
🏠大津市三井寺町3-38
🕐10:00〜17:00
🗓第1・3日曜　MAPP18B3

🏠 元祖 阪本屋
がんそ さかもとや

湖国が誇る鮒ずしの老舗

明治2年（1869）創業の鮒ずし専門店。琵琶湖の天然ニゴロブナを滋賀県産江州米で漬け込み発酵させた鮒ずしは、1尾3240円〜。湖魚の佃煮なども豊富に揃う。

☎077-524-2406
🏠大津市長等1-5-21
🕐9:00〜18:00
🗓日曜　MAPP18C3

🏠 れすとらん風月
れすとらんふうげつ

古刹境内の閑静な和食処

三井寺仁王門前、寺の精進料理の伝統を受け継ぐ食事処。釣鐘型の器が特徴的な「三井の晩鐘」2200円は、3段重の弁当で店一番の人気。ひきづり鐘饅頭1000円などの銘菓も。

☎077-524-0638　🏠大津市園城寺町246　🕐8:30〜17:00（三井寺の夜桜ライトアップ期間は〜21:30）
🗓12月23〜29日　MAPP18B3

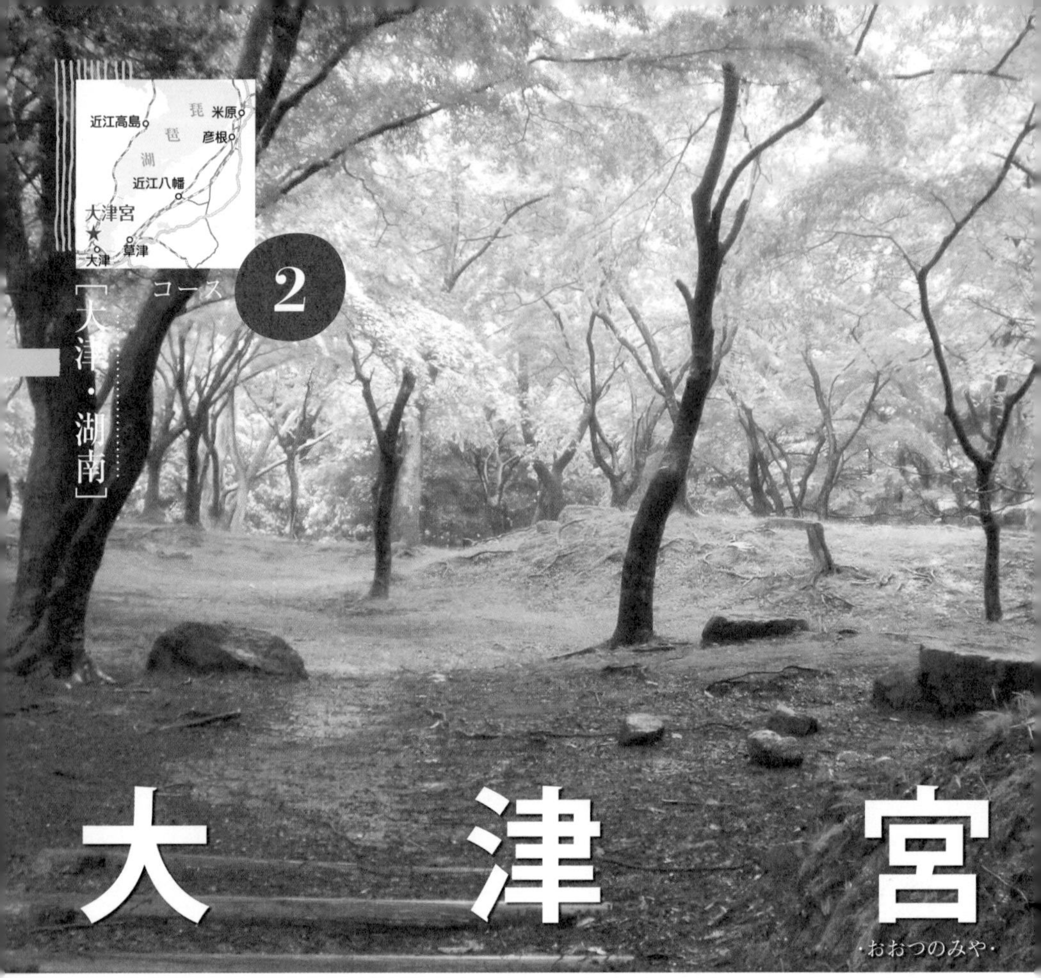

コース **2**

「大津・湖南」

米原
近江高島
彦根
琵琶湖
近江八幡
大津宮 ★
草津
大津

大　津　宮

·おおつのみや·

🔵 歩く時間 >>> 約**1時間20分**　　🔵 歩く距離 >>> 約**4.5km**

半日コース　START

滋賀里駅

京阪
石山坂本線

❶ 大津市埋蔵文化財
調査センター

徒歩5分

(所要15分)

❷ 百穴古墳群

徒歩7分

(所要5分)

❸ 志賀の大仏

徒歩6分

(所要5分)

徒歩10分

300m
175m
高低差 0m

滋賀里駅

距離 > **1km**

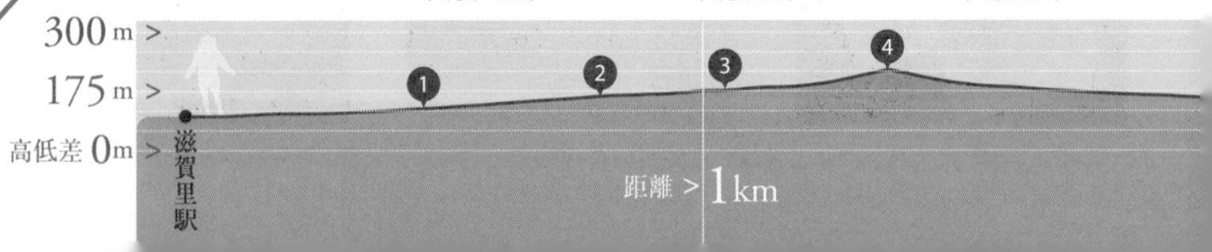

礎石が残る崇福寺跡

近江神宮の時計館前にある日時計

輪郭が明らかになった 幻の都

近江大津宮（大津京）の位置は古くから近江神宮近辺と考えられていた。近江神宮創設地の選定にもそれが考慮されたという。昭和49〜53年の内裏南門遺構、また内裏正殿遺構の発掘によって中心部の位置が確定。これまで大津市錦織（にしこおり）の10ヵ所ほどの調査でほぼ内裏の規模が推定できるまでになり、大津宮の輪郭が見えてきた。また宮城を囲むように穴太（あのう）廃寺、崇福寺、南滋賀町廃寺などが営まれていたこともわかっている。遺構の多くは今なお住宅街の地下に眠っていると考えられ全容解明は先の話だが、大津市歴史博物館（→P20）では大津宮復元模型ほか関連文物が見られ興味深い。また、大津市埋蔵文化財調査センターでは発掘出土品や、数々の貴重な資料を展示している。錦織2丁目に点在する遺構は整備された史跡になっており、説明板も詳しい。

おさんぽアドバイス

志賀の大仏から崇福寺跡へは林道から細い道へ入り、5分ほど山道を登る。薄暗い林の中の道だが、案内板どおりに進めば迷うことはない。南滋賀町廃寺跡は造成された住宅地の一角にあり、ややわかりにくいので注意。

大津宮

● おすすめ季節 >>> 春 ❀（3〜5月）

❹ 崇福寺跡

（所要5分）

徒歩30分

≫

❺ 南滋賀町廃寺跡

（所要5分）

徒歩8分

≫

❻ 近江神宮

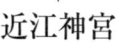

（所要30分）

徒歩10分

≫

❼ 近江大津宮錦織遺跡

（所要5分）

徒歩2分

≫

GOAL 近江神宮前駅

京阪 石山坂本線

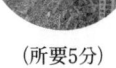

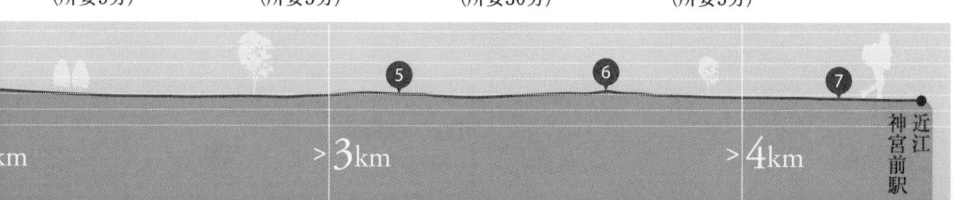

❺ ❻ ❼

km >3km >4km

近江神宮前駅

❶ 大津市埋蔵文化財調査センター
おおつしまいぞうぶんかざいちょうさせんたー

埋蔵文化財に親しめる拠点施設

大津市歴史博物館などと分担で大津市内の発掘出土品や資料を展示する。研究、復元、保管が主なので、展示ブースは1階だけと少なめ。年に4〜5回ほど、テーマを変えて大津市域の出土品の紹介や、発掘調査の速報展示などを行っている。

☎ 077-527-1170　🏠大津市滋賀里1-17-23
💴無料　🕐9:00〜17:00　🚫土・日曜、祝日
🗺 P24B1

正面入口。展示見学は入って右の事務室へ申し込む

出土状況とともに展示された出土品

❷ 百穴古墳群
ひゃっけつこふんぐん

古代渡来人文化の葬制

横穴式石室をもつ小型円墳約70基が山の緩斜面に点在する、6世紀後半ごろの遺跡。石室の露出したものが多い。遷都以前、この地には大陸や朝鮮半島からの渡来人やその影響を受けた人々が暮らしていた。その人々の墓地であり、古墳形態は朝鮮半島のものに類似している。

☎077-527-1170(大津市埋蔵文化財調査センター)
🏠大津市滋賀里町甲　🕐見学自由　🗺 P24B1

道から少し入ると古墳が見える

大仏の坐す小堂。林道脇にあるが、林業関係者以外、車の乗り入れはできない

❸ 志賀の大仏
しがのおぼとけ

道中無事を祈った石仏

石造の阿弥陀如来坐像。鎌倉時代に造られたと推定されている。この石仏は京都・北白川へと抜ける旧山中越(志賀の山越)道の、百穴古墳群から崇福寺跡への途中にあり、かつては旅人が道中の安全を祈願したという。

☎077-527-1170(大津市埋蔵文化財調査センター)　🏠大津市滋賀里町甲　🕐拝観自由
🗺 P24A1

高さ約3.5m、優しいお顔の像。光背の背面は自然石の形状のままだ

❹ 崇福寺跡
すうふくじあと

大津宮の乾(北西)を護った山岳寺院

天智天皇の勅願で建立。大津宮廃都後も平安末まで繁栄し参詣者で賑わったが、山門・寺門の争いに巻き込まれて衰退、鎌倉期に廃絶した。近接する3つの尾根に弥勒堂、三重塔と小金堂、金堂と講堂をそれぞれ配置した山岳寺院で、今は礎石や基壇だけが残る。

☎077-527-1170(大津市埋蔵文化財調査センター)
🅟大津市滋賀里町甲　⏱見学自由　MAP P24A1

南尾根の金堂跡と講堂跡。往時は壮麗な景観だっただろう

塔の心柱が立っていた礎石

史跡公園に整備されている

❺ 南滋賀町廃寺跡
みなみしがちょうはいじあと

歴史から名が失われた大寺

昭和初期に塔・西金堂・金堂・講堂・食堂などの基壇や礎石を発掘、飛鳥の川原寺式の伽藍配置で、東西90m、南北150mの規模だった。この遺跡は7世紀後半から平安期まで続いた寺院の跡と推定され、地名から南滋賀町廃寺跡と呼ばれる。

☎077-527-1170(大津市埋蔵文化財調査センター)
🅟大津市南志賀1　⏱見学自由　MAP P24B3

おさんぽの途中に!　立ち寄りグルメ&ショップ

🍜 近江神宮 善庵
おうみじんぐう ぜんあん

神宮境内、十割そばの店

自慢のそばは特選会津産そば粉と水のみで打つ。昼の十割そば1500円は椀盛り1椀にそば煎餅、そば湯が付く。1日15〜20食の限定。2500円と3500円のコースも(要予約)。

☎077-521-1207　🅟大津市神宮1-1　⏱11:30〜14:00(平日は前日までに要予約)　⏳不定休(要確認)　MAP P24B3

☕ 宇治川餅 大津店
うじがわもち おおつてん

茶葉の香り豊かな串団子

石臼挽きの宇治抹茶をたっぷり使った茶団子が味わえる店。昔ながらの二度蒸し製法でほんのりお茶の香りともちっとした食感が魅力。1本45円。ほうじ茶団子もある。

☎077-524-1536　🅟大津市南志賀1-5-34　⏱9:00〜16:00　⏳火・水曜　MAP P24B3

🛍 中西永生堂 近江神宮前店
なかにしえいせいどう おうみじんぐうまえてん

香ばしい風味の近江あられ

大正15年(1926)創業の近江あられの店。もち米ならではのきめ細かさと、香ばしくふくよかな風味が特徴。人気の大津絵小袋入り(白・茶)は各1袋162円。各種詰合せも。

☎077-521-0770　🅟大津市錦織3-15-36　⏱9:30〜18:00　⏳日曜　MAP P24C3

❻ 近江神宮
おうみじんぐう

天智天皇を祀る新しい社

昭和15年、皇紀2600年を記念して、大津京の跡地に新たに創建された。祭神は天智天皇。境内には故実にもとづき日本初の水時計「漏刻（ろうこく）」を設置、和時計を中心に展示する時計館と、神宮ゆかりの絵画、工芸品などを展示する宝物館もある。

☎077-522-3725　🏠大津市神宮町1-1
💰時計館・宝物館入館300円　🕐9:30～16:30
🈺時計館・宝物館は月曜（祝日の場合は開館）
🗺P24B3

天智天皇遷都の近江大津宮ゆかりの地に建立された

左)近代技術の粋を尽くした重厚な本殿　右)平成22年にリニューアルされた時計館・宝物館

❼ 近江大津宮錦織遺跡
おうみおおつのみやにしこおりいせき

街の下に眠る大津宮

大津宮の中心部だったのが錦織町付近。住宅街なので点的にしか発掘調査できていない。現在見られるのは道路沿いの3地点。第1地点からは内裏南門遺構、第2地点からは内裏正殿遺構が発掘された。

☎077-527-1170（大津市埋蔵文化財調査センター）
🏠大津市錦織1　🕐見学自由　🗺P24B4

内裏南門などの柱穴が見つかった第1地点（埋設保存）

内裏正殿遺構がある第2地点（柱の位置を表示）

歴史を学ぶ

◎困難な時代の改革者・天智天皇

大化の改新を成し遂げた中大兄皇子は、孝徳・斉明〈皇極重祚〉二天皇の改革で制約も多かった。百済滅亡、白村江敗戦後は唐軍侵攻に備え、守るに適した地勢の近江大津宮へ遷都。遷都翌年に即位するが、3年後に新都で病没したという。

時代、皇太子のまま天皇と同等の権威で政治を行った。律令による中央集権制を目指したが、朝鮮半島情勢が緊迫化するな

天智天皇を祀る近江神宮

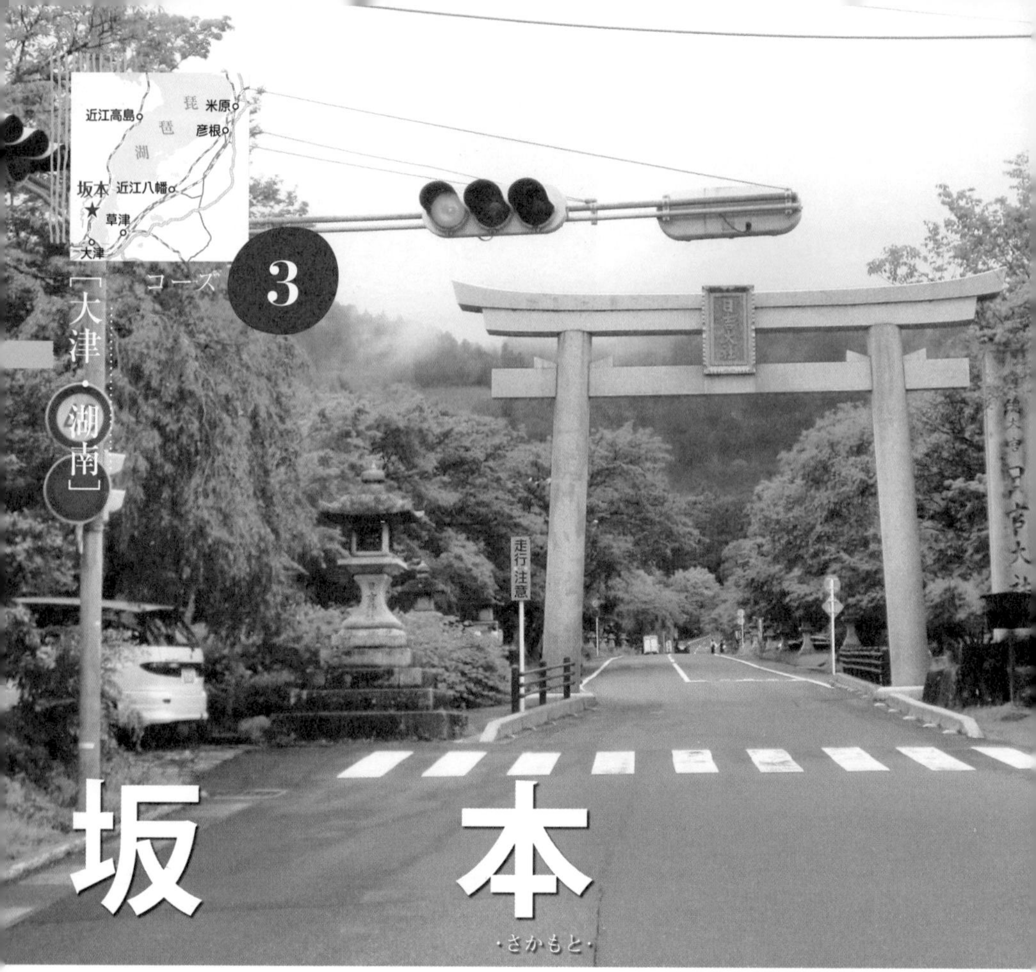

近江高島
琵
米原
彦根
琶
湖
坂本
近江八幡
★
草津
大津

「大津（湖南）」

坂　本
·さかもと·

●歩く時間 >>> 約**1時間30分**　　●歩く距離 >>> 約**6km**

半日コース　START　

 比叡山坂本駅 ≫ **①** 公人屋敷 ≫ **②** 滋賀院門跡 ≫ **③** 慈眼堂 ≫

JR 湖西線	徒歩7分  （所要20分）	徒歩10分  （所要30分）	徒歩3分  （所要15分）

徒歩3分

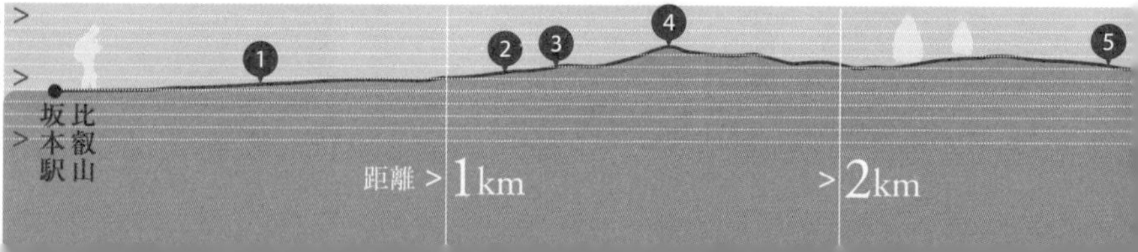

250m >
125m >
高低差 0m >

坂本駅　比叡山

① **②** **③** **④** **⑤**

距離 > 1km　　> 2km

延暦寺・日吉大社の門前町は里坊と石垣の佇まい

坂本は延暦寺・日吉大社の門前町である。北国と京都を結ぶ水陸路の要衝であり、坂本港は物資の集散地でもあった。明治の神仏分離まで延暦寺と日吉大社は天台の山王一実神道により表裏一体とみなされていた。全国からの参詣者は坂本に宿をとり、日吉大社に詣でたあと比叡山に登った。中世、延暦寺・日吉大社の勢力は非常に強く門前町も栄えたが、比叡山焼討で日吉大社や坂本の町も灰燼に帰し、今日の町並みの原型が整うのは江戸期になってからである。坂本の町並み景観は里坊と石垣に代表される。お山での厳しい修行を終えた老僧が隠居生活を送るため里に設けた僧坊が里坊。坂本には里坊が今も50余残る。里坊の多くは庭園をもち、上の里坊の庭から下の里坊へと順送りに水を流す。全国でも稀な形態で、石垣とともに独特の雰囲気を醸し出している。

おさんぽアドバイス

比叡山坂本駅からは坂道の日吉大社参道を山の方向へ一直線に登ってゆく。公人屋敷、石造大鳥居を過ぎると京阪坂本比叡山口駅があり、遠く日吉大社の赤い鳥居が見えてくる。ケーブル坂本駅は日吉大社からすぐ。

坂本

● おすすめ季節 >>> 春 🌸 秋 🍁

 ④ 日吉東照宮 ≫ **⑤ 日吉大社** ≫ **⑥ 西教寺** ≫ **⑦ 旧竹林院** ≫  **GOAL 比叡山坂本駅**

 徒歩10分 （所要15分）

 徒歩20分 （所要30分）

 徒歩20分 （所要20分）

 徒歩20分 （所要20分）

徒歩20分

JR 湖西線

坂本駅 比叡山

3km >4km >5km >6km

坂本

広域図はP164へ

N 0 100m
1:14,000

①日吉三橋
ひよしさんきょう

日吉大社境内を流れる大宮川に架かる重文指定の石橋。豊臣秀吉が木橋を寄進し、寛文9年(1669)に石橋に架け替えられた。

⑥西教寺

西教寺前
西教寺聖天堂
ここまで 4km

大津市

ここまで 3km

②

⑤日吉大社

東本宮
白山宮
宇佐宮
西本宮
二宮橋
走井橋
大宮川
大宮橋

坂本(八)

日吉台小
日吉台(三)

日吉台(二)

日吉台(一)

坂本(七)

坂本(六)

平和堂⑤

坂本(五)
大林院
禅定院 弘法寺
蓮華院 真蔵院
恵光院 生源寺
律院 大将軍神社

⑦旧竹林院

①公人屋敷
本家 鶴㐂そば P32

坂本観光案内所

スタート
ゴール
比叡山坂本駅
駅前

ここまで 5km

ここまで 2km

ケーブル坂本駅

比叡山高
比叡山鉄道 坂本ケーブル
比叡山高グラウンド

③

④芙蓉園本館
P32

坂本本町

戒蔵院
最乗院

日増院
金蔵院
瑞応院
雙厳院
阿弥陀石仏

坂本
比叡山口駅

御菓子司 鶴屋益光
P32

坂本六

坂本小

坂本(三)

②滋賀院門跡

③慈眼堂

叡山学院
千手院
寶積院
比叡山幼稚園

坂本(四)

ここまで 1km

琵琶湖病院

松ノ馬場駅

①日吉東照宮正面
ひよしとうしょうぐうしょうめん

日吉東照宮社殿は寛永11年(1634)に再建され、数々の彫刻、極彩色の絵で飾られている。本殿、唐門、透塀とも重文。

④

坂本(一)

坂本(二)

寶林寺

下阪本(六)
日吉中
西大津バイパス
下阪本小
下阪本(五)
藤ノ木川
下阪本(四)
下阪本小
専念寺
下阪本(三)
明智光秀像
坂本城跡 P70

京阪大津京駅へ
大津京駅へ
下阪本(二)

❶ 公人屋敷
くにんやしき

保存公開された寺務方の生活空間

公人は朝廷や寺社に属する下級職員。江戸期の延暦寺では僧侶のまま妻帯・苗字帯刀を許され、年貢収納や諸行事の円滑な運営などの寺務を担った。代々公人を勤めた岡本家から屋敷が大津市へ寄贈され、歴史的遺産として保存、什器類とともに公開されている。

修復により往時の公人屋敷の姿が蘇った

☎077-578-6455　🅿大津市坂本6-27-10
💴100円　🕐9:00～17:00
🈺月曜(祝日の場合は翌日)　 MAP P30B2

参道に面した入口を入ると、主屋、蔵跡、馬屋などがある

季節にはひな人形や五月人形などの展示も

穴太衆積の豪壮な石垣と白壁の塀を周囲に巡らす堂々たる構え

❷ 滋賀院門跡
しがいんもんぜき

格式高い法親王の居所

延暦寺里坊の一つ。江戸末期まで天台座主となった皇族代々の居所だったため「門跡」と呼ばれる。豪壮な石垣と白壁が格式の高さを示し、広い敷地内に内仏殿、宸殿、二階書院などが立つ。狩野派による襖絵、小堀遠州作の庭園などで名高い。

内堀越しに見る書院

☎077-578-0130
🅿大津市坂本4-6-1
💴500円　🕐9:00
～16:30(12月は
～16:00)　 MAP P30B3

豆知識

穴太衆積
あのうしゅうづみ

城の石垣建築で有名な職人集団の名人芸

穴太築ともいう。大小の自然石をほとんど加工せずに組んだ優秀かつ堅牢な石垣。元々は延暦寺の石垣工事や石仏制作などに従っていた石工集団によるもので、坂本の隣の穴太村出身者が多かったことからこう呼ばれる。坂本では里坊の寺々の石垣などいたるところで見られる。全国的にも安土城、江戸城をはじめとする城郭建築や寺社建築に作例が多い。

雑然とみえるが堅牢な石垣

❸ 慈眼堂
じげんどう

古いお堂が天海和尚の廟所

近世天台宗中興の祖、また武田信玄や徳川三代(家康、秀忠、家光)の帰依を得て東叡山寛永寺を創建した天海大僧正(諡号・慈眼大師)の廟所。天海は多くの寺院を復興したほか朝廷と幕府の融和にも尽くした。

堂や供養塔へといたる門

堂内に木造天海像を祀る

☎077-578-0130(滋賀院門跡) ❸大津市坂本4-6-1 ❸境内自由(堂内拝観不可) MAP P30B3

慈眼堂に眠る傑僧

■ 天海

比叡山、三井寺、興福寺などで広く修学した天才で人格者。幕政にも関わったが宗教界の理論的リーダーの面が強い。家康を山王一実神道により東照大権現としたのはこの人。

天皇や天台座主と並ぶ慈眼大師供養塔

❹ 日吉東照宮
ひよしとうしょうぐう

重厚華麗な権現造

天海僧正が建立。権現造・総漆塗極彩色で日光に似るがほぼハーフサイズと小さく、日光の雛型として造られた。入口の四脚平唐門と社殿を巡る透塀も美しい。本殿内部の扉は年1回の例祭日(6月第1日曜)だけ開かれ、参詣できる。

急勾配の参道に立つ鳥居。鳥居までの道が特に急なので、雨の日などは注意

社殿を巡る透塀と門

☎077-578-0009(日吉大社) ❸大津市坂本4-2-12 ❸透塀内拝観200円 ❸拝観は土・日曜、祝日の9:00~16:00 MAP P30A3

おさんぽの途中に！

立ち寄りグルメ＆ショップ

● 本家 鶴㐂そば
ほんけ つるきそば

創業約300年の坂本名物

築130年の堂々たる構えの建物は国の登録文化財。断食行のあと延暦寺の僧たちが胃をならすために食したという手打ちそばは喉ごしがよく香りも豊か。天ざるそば1790円。

☎077-578-0002 ❸大津市坂本4-11-40 ❸11:00~15:30LO ❸第3金曜(1・6月は第3木・金曜連休。8・11月は無休) MAP P30B3

● 芙蓉園本館
ふようえんほんかん

石積みが映える名勝の膳処

延暦寺の里坊・白毫院を改装した建物。館内の和食処では湖国の味が楽しめる。比叡ゆば重ね2750円は3段の重箱に生ゆば、えび豆、赤コンニャクなどが彩りよく盛られる。

☎077-578-0567 ❸大津市坂本4-5-17 ❸10:00~21:00(食事は11:00~15:00。17:00~は要予約) ❸不定休 MAP P30A3

▲ 御菓子司 鶴屋益光
おかしし つるやますみつ

三社寺御用達の菓子処

延暦寺・日吉大社・西教寺由来の神猿をかたどった最中「比叡のお猿さん」152円が人気。比叡山延暦寺が「見ざる聞かざる言わざる」発祥の地であり「思わざる」の教えが加わることを語り継ぐ菓子でもある。

☎077-578-0055 ❸大津市坂本4-11-43 ❸9:00~19:00 ❸水曜 MAP P30B3

❺ 日吉大社
ひよしたいしゃ

静寂に包まれた日吉の森

▽全国に3800余ある山王さんの総本宮。比叡山の地主神と大津京の守護神を東本宮と西本宮に各々祀る。春の山王祭は東本宮系の神々と西本宮系の神々、各々の鎮座の様子を表すという。境内約3000本のモミジの紅葉は湖国随一。

☎077-578-0009　🏠大津市坂本5-1-1
🎫300円　🕐9:00～16:30
MAP P30A2

左)神仏習合信仰を表す山王鳥居
右)西本宮楼門

東本宮。写真の巨木は「ハガキの木」として有名な多羅葉(たらよう)の木

堂々たる総門を潜ると参道が一直線に延びる

❻ 西教寺
さいきょうじ

明智光秀公ゆかりの名刹

▽聖徳太子創建と伝えられる天台真盛宗の総本山。中世に真盛上人が念仏道場として再興したが叡山焼討で焼失。坂本城主・明智光秀の手で再建された。その縁で明智一族の墓がある。総ケヤキ造りの本堂や伏見城から移した客殿、趣の異なる4庭園などがみどころ。

明智光秀の墓

☎077-578-0013
🏠大津市坂本
5-13-1　🎫500円
🕐9:00～16:30
MAP P30A1

❼ 旧竹林院
きゅうちくりんいん

里坊の名勝庭園で憩う

▽江戸期まで延暦寺里坊の一つで、里坊中最大の回遊式庭園をもっていた。明治になって個人所有になり(現在は大津市所有)、改修で近代的な書院前庭園に甦った。名勝指定。しっとりした風情の中、抹茶もいただける。

☎077-578-0955　🏠大津市坂本5-2-13
🎫330円　🕐9:00～17:00　🈳月曜(祝日の場合は翌日)、祝日の翌日　MAP P30A2

美しい庭園が広がる

坂本

［大津・湖南］

比叡山

●歩く時間 >>> 約2時間　　●歩く距離 >>> 約7.1km

1日コース **START**

延暦寺バスセンター ≫ **❶ 根本中堂** ≫ **❷ 文殊楼** ≫ **❸ 浄土院**

JR京都駅から比叡山ドライブバスで1時間15分（冬期はバス運休のためケーブル延暦寺駅スタート、根本中堂まで徒歩10分）

徒歩5分

（所要20分）

徒歩1分

（所要5分）

徒歩20分

（所要15分）

徒歩8分

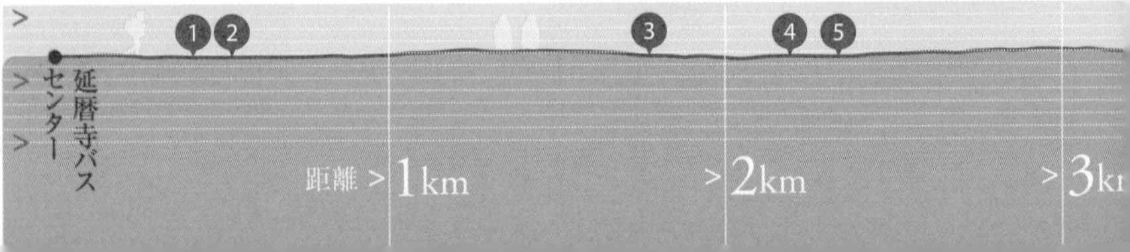

1000m >
500m >
高低差 0m >

延暦寺バスセンター

距離 > 1km　　> 2km　　> 3km

開創より千二百年余
日本史に冠たる仏教の母山

両側に多数の奉納札や額が並ぶ
横川の元三大師堂扁額

最澄が開創した天台宗総本山延暦寺は、平安京の鬼門守護・国家鎮護の寺とされ、1200年余の歴史を刻んでいる。比叡山一帯が寺域で狭義には三塔十六谷二別所の山上諸堂だけを指すが、山下の坂本を含め延暦寺と総称することも多い。山上は東塔、西塔、横川の3エリアに分かれる。東塔は根本中堂、大講堂、戒壇院、阿弥陀堂などがあり中枢的な役割を果たす。西塔は釈迦堂を中心に浄土院、にない堂などが集まった修行の場。横川は比叡山で最も奥まったエリアであり、深く静かに仏道の真理を探求する僧が住した所。浄土信仰もここから生まれた。織田信長の「叡山焼討」でほぼすべての堂宇を焼失したが、豊臣秀吉や徳川家康などの力で復興を遂げた。今日では恩讐を越え、叡山僧侶・織田軍兵の別なく供養する鎮魂塚も立つ。平成6年には世界遺産に登録された。

おさんぽアドバイス

三塔エリアに入るには巡拝料1000円(三塔共通)が必要。三塔を結ぶ道は東海自然歩道となっている。京都市内からは、叡山ケーブル・ロープウェイも利用できる。滋賀側からは坂本ケーブルで。また山内ではシャトルバスが運行(冬期運休)。

● おすすめ季節 >>> 春 🌸 夏 🍃 秋 🍁

④ にない堂 ≫ **⑤ 釈迦堂** ≫ **⑥ 横川中堂** ≫ **⑦ 元三大師堂** ≫ **GOAL 横川バス停**

徒歩1分
(所要15分)

徒歩60分
(所要15分)

徒歩7分
(所要20分)

徒歩10分
(所要15分)

延暦寺バスセンターまで比叡山内シャトルバスで13分(冬期はバス運休のためケーブル延暦寺駅まで徒歩約2時間)

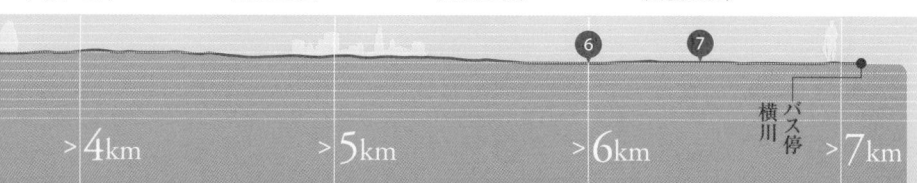

> 4km　> 5km　⑥ > 6km　⑦ 横川バス停 > 7km

比叡山

広域図は P164へ

N 0 200m
1:23,000

A B C

7 元三大師堂

堅田へ
慈恵大師御廟 ・定光院

ここまで 7km

ゴール
横川 根本如法塔 卍比叡山行院
卍 恵心院

1 八瀬花尻町

水井山

京都府 / 滋賀県

ここまで 6km

6 横川中堂

卍 西林寺

釣垂岩

ここまで 5km

横高山

玉体杉

西塔から横川への峰道に聳える老杉。千日回峰の行者はここから遥かに御所を望み、玉体安穏天下泰平を祈る。

▲ 三石岳

瑠璃堂

信長の焼討を免れた貴重な堂。3間四方、唐様の技法がみられる室町建築だ。西塔～横川の道からややはずれて立つ。

2

卍 黒谷青龍寺

ここまで 4km

奥比叡ドライブウェイ

東海自然歩道

ここまで 3km

八瀬秋元町

峰道
峰道レストラン

大津市

大宮川

坂本(五)

相輪橖
居士林

京都市左京区

3

5 釈迦堂

西塔
卍本覚院
椿堂

坂本本町

比叡山延暦寺

慈覚大師円仁御廟 ●

4 にない堂

西塔
伝教大師御廟

ここまで 2km

延暦寺バスセンター

スタート

2 文殊楼

🏠 延暦寺会館 P38

3 浄土院

山王院
阿弥陀堂

1 根本中堂

東塔

一隅を照らす会館

ここまで 1km

弁慶水
法華総持院東塔
比叡山国宝殿

大講堂
無動寺

坂本ケーブル

ケーブル延暦寺駅

ケーブル坂本駅へ →

修学院
尺羅ヶ谷四明ヶ嶽

四明岳 ▲

大比叡

紀貫之墓

京福叡山ロープウェイ

4 修学院牛ヶ額

比叡山頂駅

📷 ガーデンミュージアム 比叡 P37

卍 明王堂

無動寺谷 卍大乗院

一乗寺花ケ谷
一乗寺井手ケ谷

比叡山ドライブウェイ

A B C

大津・京都市街へ →

四ッ谷川

❶ 根本中堂
こんぽんちゅうどう

1200年間法灯を守り続ける

東塔エリアだけでなく比叡全山の中核。渡唐前の最澄が営んだ小堂・一乗止観院が起源と伝える。豪壮な大堂とそれを囲む回廊からなり、寛永年間の再建は幕府・大名・一般信徒が結集する「天下普請」で行われた。国宝。

☎077-578-0001　住大津市坂本本町4220
料巡拝料1000円(三塔共通)
時8:30〜16:30(冬期変動あり)　MAP P36B3

比叡山

左)根本中堂へは長いスロープ(階段併設)を下りて行く　右)本尊薬師如来の前には不滅の法灯が灯る

※根本中堂は平成28年より約10年間の予定で大改修工事中。工事中も堂内は参拝でき、中庭に設けられた「修学ステージ」に上れば、屋根の高さから工事の様子を見学できる

歴史を学ぶ

◎ 叡山に学んだ祖師たち

延暦寺は伝教大師・最澄が開いた日本天台宗の総本山だが、日本最高の人材育成機関でもあった。全盛期には常時およそ3000人が修行し、のちに一宗一派の祖師(開祖)となった例も多い。最澄の直弟子の円仁、そして円珍、法然、親鸞、日蓮、栄西、道元。いずれも叡山で学び、厳しい修行を積み、その後、各々の途へと歩み出したのである。日本仏教の母山と呼ばれるのも当然だろう。

根本中堂への参道に沿って祖師たちが絵・文で紹介されている

観光クローズアップ

◎ ガーデンミュージアム比叡
がーでんみゅーじあむひえい

睡蓮の池がある比叡山頂の別世界

園内に印象派の陶板名画(原寸大)が45点配置され、絵と庭のハーモニーが楽しめる。ローズガーデン、花の庭、睡蓮の庭などが連なり、展望塔やカフェ、ショップもある。叡山ロープウェイ比叡山頂駅からすぐ。

☎075-707-7733　住京都市左京区修学院尺羅ヶ谷四明ヶ嶽4　料1200円(11月24日〜12月上旬は600円)
時10:00〜17:30(季節変動あり)　休無休(12月上旬〜4月上旬は休園)　MAP P36A4

左)池畔に立つモネの「睡蓮の池・緑のハーモニー」上)入場ゲート 下)ショップ

❷ 文殊楼
もんじゅろう

文殊菩薩を祀る2層の門

坂本から続いていた参道に立つ、延暦寺の
表門ともいえる楼門。根本中堂前の急な石段
の上にある。元々は慈覚大師円仁が中国五台
山の文殊菩薩堂に倣って創建した。2階に文殊
菩薩を祀り、智恵の文殊として受験生に人気
が高い。

☎077-578-0001 ⊕大津市坂本本町 ㊸巡拝料1000円
(三塔共通) ㊾8:30～16:30(冬期変動あり) ⅯⅯⅯP36B3

慈覚大師円仁が建てたことに始まる

行事のため幕の掛か
った正門

御廟を護るように立
つ重厚な拝殿

❸ 浄土院
じょうどいん

神聖なる開祖の御廟

伝教大師最澄の御廟。日本天台宗の開祖
であり、ここが全山で最も神聖視される。
正門(または通用門)を入ると白砂の庭を前
に「浄土院」の扁額の掛かった拝殿、その
背後の奥まった所に御廟がある。

☎077-578-0001 ⊕大津市坂本本町 ㊸巡拝料1000円
(三塔共通) ㊾8:30～16:30(冬期変動あり) ⅯⅯⅯP36B3

向かって右が法華堂で、左が常行堂

❹ にない堂
にないどう

本当は厳しい修行道場

同じ大きさ・形の2つの建物、常行堂と
法華堂が廊下で結ばれており「弁慶が渡り廊
下を天秤棒にして担った」との伝説からこう
呼ばれる。両堂は本尊が違うが仏の教えとし
て同等、それを形にした修行道場である。

☎077-578-0001 ⊕大津市坂本本町 ㊸巡拝料1000円
(三塔共通)㊾9:00～16:00(冬期変動あり) ⅯⅯⅯP36A3

観光クローズアップ

◎ 延暦寺会館
えんりゃくじかいかん

立地抜群の宿泊兼食事処

根本中堂にほど近く、静かな雰囲気の中に
立つモダン建築が延暦寺会館。参拝・参観
者のための施設で、宗派を問わず利用でき
る。精進料理に喫茶、宿泊もOK。レスト
ランや大浴場からは琵琶湖を一望できる。

☎077-579-4180 ⊕大津市坂本本町4220
㊸宿泊は1泊2食付1万2600円～ ㊸昼食1650円～
は11:30～13:30LO(2日前までに要予約) ⅯⅯⅯP36B3

左)モダンな建物
上)10畳の和室。洋
室もある 下)精進
料理が味わえる

❺ 釈迦堂
しゃかどう

三井寺から移した叡山最古の堂

西塔エリアの中心をなすお堂で、転法輪堂が正式名。開山の最澄が自ら刻したとされる釈迦如来を安置することから釈迦堂と呼ばれる。文禄年間に豊臣秀吉が三井寺の金堂（鎌倉期の建築）を移させたもので、重文。現在の山内では最も古い建築。

☎077-578-0001　🚉大津市坂本本町
🎫巡拝料1000円（三塔共通）　🕐9:00〜16:00
（冬期変動あり）　🗺P36A3

前庭の一角には仏足石も

広大な前庭に面して立つ釈迦堂

前庭から急階段を上ると鐘楼が立つ

❻ 横川中堂
よかわちゅうどう

華麗だった創建時を偲ばせる建築

横川の中心となる大堂で首楞厳院ともいう。慈覚大師円仁が根本観音堂として開創。本尊は慈覚大師作と伝わる聖観音菩薩。兵火や落雷で幾度も焼失した。崖に突き出すように建てられた舞台造の鉄筋コンクリートの建物は、昭和46年に再建されたもの。

☎077-578-0830　🚉大津市坂本本町
🎫巡拝料1000円（三塔共通）
🕐9:00〜16:00（冬期変動あり）　🗺P36C1

参道から見ると「舞台造」構造がわかりやすい

❼ 元三大師堂（四季講堂）
がんさんだいしどう（しきこうどう）

庶民が信仰した魔除け護符とおみくじ

正月3日の入寂なので元三大師と呼ばれる慈恵大師良源の住房跡。人だけでなく物にまで命を認め大切にする教えで知られ、大師を本尊とし、魔除け護符を拝受する元三信仰が広がった。おみくじの元祖としても有名。おみくじは1000円。

☎077-578-3683　🚉大津市坂本本町4225
🎫巡拝料1000円（三塔共通）
🕐9:00〜16:00（冬期変動あり）　🗺P36C1

四季に法華経を講論したので四季講堂が正式名

おみくじの観音籤（かんのんくじ）。自分では引かず、僧侶に悩み事を相談した後、お経を唱えた僧侶が引く

近江高島。
琵
米原○
琶
彦根○
湖
近江八幡 ○
大津 ○草津
★ 石山寺・瀬田

コース **5**

［大津・湖南］

一番丸

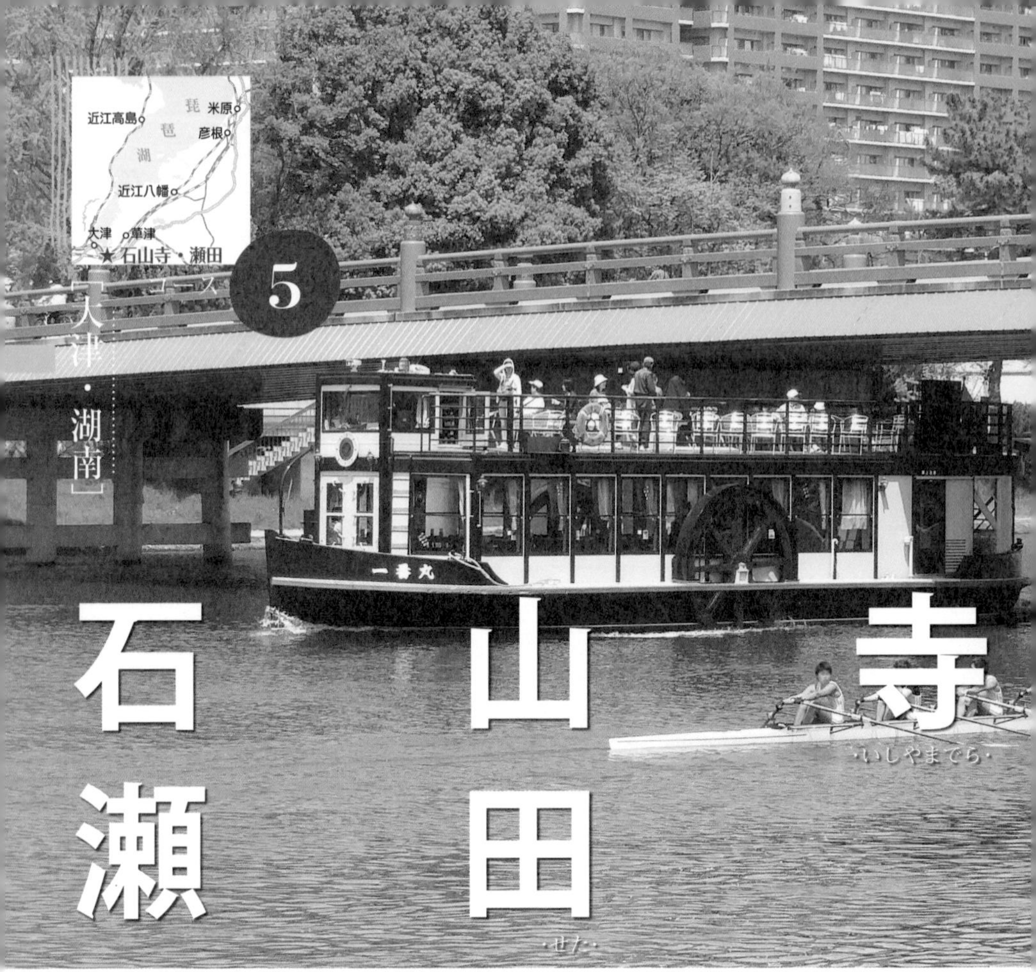

石山寺 瀬田

・いしやまでら・

・せた・

● **歩く時間** >>> 約**1時間30分**　　● **歩く距離** >>> 約**6.6km**

半日コース

START

石山寺駅 ≫ ❶ 蛍谷公園 ≫ ❷ 石山寺 ≫ ❸ 鳥居川水位観測所 ≫

京阪
石山坂本線

 徒歩すぐ

 徒歩12分
（所要5分）

 徒歩25分
（所要60分）

 徒歩すぐ
（所要5分）

150m >
75m >
高低差 0m >

石山寺駅

❶ ❷ ❸

距離 > 1km　　> 2km

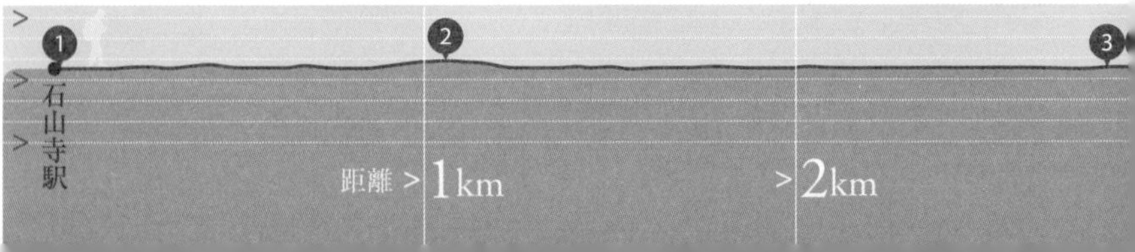

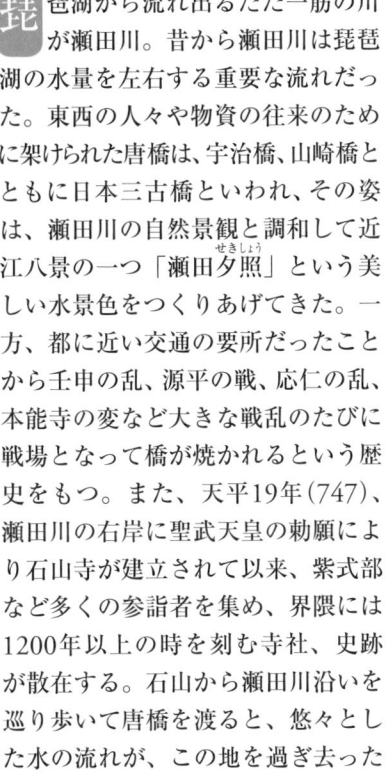

川の流れに時代の変遷を思い古社寺を訪ねて巡り歩く

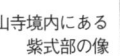
石山寺境内にある
紫式部の像

琵琶湖から流れ出るただ一筋の川が瀬田川。昔から瀬田川は琵琶湖の水量を左右する重要な流れだった。東西の人々や物資の往来のために架けられた唐橋は、宇治橋、山崎橋とともに日本三古橋といわれ、その姿は、瀬田川の自然景観と調和して近江八景の一つ「瀬田夕照(せきしょう)」という美しい水景色をつくりあげてきた。一方、都に近い交通の要所だったことから壬申の乱、源平の戦、応仁の乱、本能寺の変など大きな戦乱のたびに戦場となって橋が焼かれるという歴史をもつ。また、天平19年(747)、瀬田川の右岸に聖武天皇の勅願により石山寺が建立されて以来、紫式部など多くの参詣者を集め、界隈には1200年以上の時を刻む寺社、史跡が散在する。石山から瀬田川沿いを巡り歩いて唐橋を渡ると、悠々とした水の流れが、この地を過ぎ去った時代の流れと重なるように思える。

おさんぽアドバイス

石山寺へは川沿いの遊歩道「瀬田川ぐるりさんぽ道」を歩く。その後、来た道を引き返し、瀬田の唐橋へ。このあたりからは交通量が多いので気をつける。近江国庁跡へは住宅と団地の間を抜けて行くため迷いやすいので注意。

おすすめ季節 >>> 春🌸 秋🍁

④ 瀬田の唐橋

(所要10分)

≫ 徒歩5分 ≫

⑤ 龍王宮秀郷社

(所要10分)

≫ 徒歩25分 ≫

⑥ 近江国庁跡

(所要20分)

≫ 徒歩10分 ≫

⑦ 建部大社

(所要20分)

≫ 徒歩15分 ≫

GOAL 唐橋前駅

京阪
石山坂本線

⑥ ⑦ 唐橋前駅
km >4km >5km >6km

❶ 蛍谷公園
ほたるだにこうえん

『源氏物語』のレリーフがある噴水

京阪石山寺駅を降りると、向かいの瀬田川沿いに噴水が見える。大津市によって設置された「紫式部の泉」で、モニュメントには国宝「源氏物語絵巻」の場面が、6面のレリーフ（絵は3パターン）ではめ込まれている。石山寺へ向かう前に立ち寄りたい。

☎077-534-0706（石山駅観光案内所）
⊕大津市蛍谷 ⊕入園自由 MAP P42A2

脇息にもたれる中の君と琵琶を奏でる匂宮の場面

石山寺・瀬田

広域図は
P164へ
1:13,000
0   100m

🅐 石山駅へ→

🍴近江牛専門店 れすとらん松喜屋 本店 P44
唐橋町

❸ 鳥居川水位観測所

🅑 瀬田（一）

🅒 瀬田南小

ここまで
5km

唐橋前駅
鳥居川町
御霊神社

ゴール

光が丘町

🅐

ここまで
3km

京都駅へ→

晴嵐小

田辺町

地蔵寺

京阪石山坂本線

422

❹ 瀬田の唐橋
瀬田（二）

❺ 龍王宮秀郷社

正法寺
妙真寺
ここまで
6km

❼ 建部大社
神領（一）

神領

雲住寺

瀬田工業高

神領（三）

ここまで
4km

名神高速道路

瀬田西IC

瀬田橋

松乃荘

瀬田川

螢谷

インター口

東海道新幹線

🅒

❶ 蛍谷公園
瀬田（三）

石山寺駅

スタート

ここまで
2km

野郷原（二）

❷

🅐 伽藍山

石山寺月見亭
いしやまでらつきみてい

後白河上皇の御幸に際して建てられたと伝わる。琵琶湖を望んで瀬田川の美しい風景を楽しむことができる。

石山寺（一）

🚢瀬田川・琵琶湖リバークルーズ P45
石山寺港

瀬田（四）

❷ 石山寺

🅿茶丈藤村 P44

瀬田（五）

松陽（一）

ここまで
1km

宝性院

🍴志じみ釜めし・湖舟 P44

世尊院

石山寺（三）

京滋バイパス

🅐
🅑
🅒

瀬田川に向かって立つ重文の東大門

本堂と紫式部ゆかりの「源氏の間」

❷ 石山寺
いしやまでら

桜や紅葉などの四季の花が飾る古寺

奈良時代後期、聖武天皇の発願により良弁僧正によって開かれた古刹。広大な境内には、寺名の由来である天然記念物の硅灰石がある。国宝の舞台造の本堂や日本最古の多宝塔が立ち並び、仏像、聖教類、絵巻など多くの文化財を伝えている。西国三十三所観音霊場第13番札所。

☎077-537-0013　㊟大津市石山寺1-1-1　㊛600円　㊙8:00〜16:30　MAP P42B3

奇景を見せる硅灰石と国宝の多宝塔

❸ 鳥居川水位観測所
とりいがわすいいかんそくしょ

琵琶湖の水位を見守る観測所

琵琶湖の水位(水面の高さ)を観測するため、明治7年(1874)に瀬田の唐橋のそばに設けられた。平成4年4月から琵琶湖水位は湖岸5カ所での観測水位の平均値とすることになったが、その後も治水や利水のためのデータとして観測を続けている。

唐橋の橋脚のそばにある量水標

☎077-546-0844(琵琶湖河川事務所)　㊟大津市唐橋町　㊙見学自由　MAP P42B1

自記水位計がある水位観測所

善住寺卍

大江(六)

❻ 近江国庁跡

❶

神領(二)

神領(四)

野郷原(一)

神領(五)

❷
松陽(四)

瀬田南市民運動広場

瀬田南

松陽(三)

松陽(二)

❶

瀬田神領町

❸

瀬田GC

瀬田橋本町

川沿いには桜が多く、春はいっそう華やか

豆知識

俵藤太
たわらのとうた

弓の名手へのお礼は
無尽蔵な米俵

俵藤太とは平将門の目を
弓で射抜いたという実在
の人物、藤原秀郷のこと。
藤太はあるとき美しい娘
に化身した瀬田川の龍神
に、大ムカデの退治を頼
まれる。藤太は三上山を
7巻半もする大ムカデを、
弓で見事に射殺した。お
礼にもらったのが、いく
ら使っても米が減らない
俵や、いくら使ってもな
くならない巻き絹など。
龍宮にも招かれて黄金の
鎧などをもらったという。

唐橋の下が龍神の住処とか

❹ 瀬田の唐橋
せたのからはし

時代の荒波を潜ってきた橋

瀬田橋、瀬田の長橋として多く
の文学作品に登場する、日本三名
橋の一つ。昔から「唐橋を制する
ものは天下を制する」といわれ、
幾度も戦乱の舞台となった交通・
軍事の要衝。現在の大橋・小橋の
形になったのは、織田信長の架け
替えからという。

現在の橋は昭和54年の架橋だが、
擬宝珠は江戸時代のものも使用

☎077-534-0706(石山駅観光
案内所)
🏠大津市唐橋町・瀬田
🕐通行自由　MAP P42B1

おさんぽの途中に！　立ち寄りグルメ＆ショップ

志じみ釜めし・湖舟
しじみかまめし・こしゅう

名物・志じみめしに舌鼓

近江の郷土料理とシジミの釜
めしが味わえる。1人前ずつ
鉄釜で炊き上げる志じみめし
に近江牛と永源寺赤こんにゃ
くの時雨煮などの惣菜が5種
付く「鳰(にお)」は1320円。

☎077-537-0127
🏠大津市石山寺3-2-37
🕐10:00〜17:00
🈳不定休　MAP P42B3

近江牛専門店 れすとらん松喜屋本店
おうみぎゅうせんもんてん れすとらんまつきやほんてん

近江牛の名を広めた老舗

国内最大級のステーキカウンター
ではシェフが華やかに演出し、
自慢の近江牛を、厳選したワイ
ンや地酒と味わえる。数量限定
ランチの「明智光秀戦国御膳
(モモ・バラ)」は4950円〜。

☎077-534-2901　🏠大津市唐
橋町14-17　🕐11:30〜14:00、
17:00〜22:00(20:00LO)
🈳不定休　MAP P42A1

茶丈藤村
さじょうとうそん

石山寺門前の甘味＆菓子処

瀬田川の景色を眺めながら、
厳選素材を使った甘味が楽し
める店。丹波大納言小豆とク
ルミを柔らかな餅でくるんだ
「たばしる」などの菓子と飲
み物のセット715円〜。

☎077-533-3900
🏠大津市石山寺1-3-22
🕐9:00〜18:00
🈳不定休　MAP P42B3

石
山
寺
・
瀬
田

❺ 龍王宮秀郷社
りゅうおうぐうひでさとしゃ

大ムカデ退治伝説の英雄を祀る社

瀬田の唐橋の東のたもとの雲住寺と接する所に、瀬田川の龍神に頼まれ三上山の大ムカデを退治した伝説の俵藤太秀郷を祀る秀郷社(右)と龍神を祀る龍王宮がある。間の太い柱は古い橋脚で、龍神の御霊として祀られている。

☎077-534-0706(石山駅観光案内所)
🚇大津市瀬田2-1-8　🈚境内自由　**MAP**P42B1

龍王宮と秀郷社のお社が2棟並んでいる

高台に復元された築地塀や休憩所、石碑がある

❻ 近江国庁跡
おうみこくちょうあと

古代の近江国を治めた役所跡

奈良時代から平安時代に存在した近江の政治を所管した役所の跡。神領団地の東部高台の一角にある。前殿、後殿と脇殿、門や築地などからなり、東西約216m、南北約324m、外側には約972m四方の街区が広がっていた。

☎077-534-0706(石山駅観光案内所)　🚇大津市大江ほか
🈚見学自由　**MAP**P43D1

❼ 建部大社
たけべたいしゃ

源頼朝も必勝祈願した古社

本殿に日本武尊、権殿に大己貴命を祀り、近江一の宮といわれている歴史と由緒をもつ全国屈指の古社。社宝の木造女神坐像と境内の石灯籠は重文。出世開運や除災厄除、商売繁盛、縁結びなどのご利益がある。

☎077-545-0038　🚇大津市神領1-16-1　🈚境内自由。
宝物殿拝観200円(要予約、9:00〜16:00)　**MAP**P42C1

松並木が続く建部大社への参道

源頼朝が源氏再興の祈願をした神社

観光クローズアップ

◎ 瀬田川・琵琶湖リバークルーズ
せたがわ・びわこりばーくるーず

瀬田川をのんびりと行く

すばらしい自然景観の瀬田川をレトロな外輪船でクルーズし、船上観光と瀬田川周辺の散策が楽しめる。「近江八景」の「瀬田夕照」や「石山秋月」の舞台を巡り、船内ガイドの説明でさわやかな船旅が心に残る。

☎077-572-2114(レークウエストヨットクラブ)
🚇大津市石山寺1　💴1300円　🕐🈺4〜11月の土・日曜、祝日に運航(要問合せ)　**MAP**P42B3

左)レトロな外輪船
上)屋上デッキは湖面を渡る風がさわやか　下)春の瀬田川を行く「一番丸」

045

コース **6**

[大津・湖南]

草津
- くさつ -

東海道・中山道の
旅と宿場の賑わい

琵琶湖
米原
近江高島
彦根
近江八幡
草津
大津

● 歩く時間 >>>
約**1時間**

● 歩く距離 >>>
約**4.2km**

● おすすめ季節 >>>
春 🌸 秋 🍁

江戸時代、東海道と中山道の合流する草津は宿場町として賑わい、旅籠百余を数えた。コースの最初は商店街だが、旧草津川隧道を南へ抜けたあたりから宿場の面影が濃くなる。追分道標、高札場、本陣、脇本陣跡のカフェ、街道交流館などが並び、立木神社を過ぎても矢倉道標、野路の玉川などのみどころがある。

(おさんぽアドバイス)

スタート直後、覚善寺門前の大路井道標(明治期)も見ておきたい。霊水で知られる小汐井神社(中山道最初宮)へも参詣を。

半日コース **START**
草津駅

JR
琵琶湖線

1 史跡
草津宿本陣
徒歩10分 (所要30分)

2 草津宿
街道交流館
徒歩3分 (所要30分)

3 立木神社
徒歩5分 (所要10分)

4 野路の玉川
徒歩30分 (所要10分)

GOAL
南草津駅
徒歩15分

JR
琵琶湖線

150m >
75m > 草津駅
高低差 0m >

距離 > 1km > 2km > 3km 南草津駅 > 4km

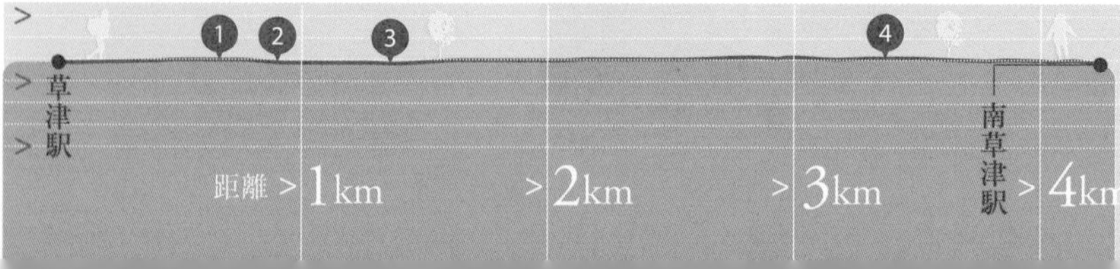

草津

広域図はP164へ
1:17,000

小汐井神社（おしおい じんじゃ）
鎮座1100年余。かつて中山道最初宮として旅人の参詣が多く、今も社名にちなむ御神水（長命水）を汲む人が絶えない。

野村（三）

A

草津高

木川町

⑤コーナン

ふれあい体育館・
市立図書館・

B 西渋川（一）
アル・プラザ
エイスクエア

西大路町

草津駅

C

渋川（一）

⑤近鉄

若竹町

① 小柿（六）

スタート

⑤平和堂

大路（一）

覚善寺

うばがもちや本店 P49

大路（二）

⑦

① 史跡草津宿本陣

アーバンホテル草津

旧草津川隧道
追分道標

大路三

大路（三）

西草津（一）

市立図書館南

草津町

⑤バロー

西草津（二）

オムロン

草津市

ベーカリー＆カフェ脇本陣 P49

常善寺

草津（二）

浄教寺

草津（一）
†カトリック草津教会

② 草津宿街道交流館

東草津（一）②

湖南農高

③ 立木神社

ここまで 1km

草津（三）
〒

太田酒造 P49
草津中⊗
草津小⊗

⑦草津一南

草津二

東草津（三）

⑦

③ 西矢倉（一）

立木神社前

⊙草津市役所

砂原大橋

東草津（三）

頓連池

矢倉道標（やぐらどうひょう）
かつての矢倉立場跡に立つ。大津への「矢橋の渡し」に至る矢橋道が分岐していて「急がば回れ」の語源ともなった地。

西矢倉（二）

草津川

矢倉（一）

草津（四）

草津三

東草津（二）

志津大橋

若宮八幡神社

光傳寺

卍

新矢倉

東草津（四）

フレンドマート

ここまで 2km

卍養蓮寺

青地町

飯泉堂

卍

矢倉（二）

東矢倉（一）

川重冷熱

⊗

ニチコン

矢倉中央

東矢倉北

妙源寺

卍

米原駅へ

③

ニチグロ

矢倉小⊗

矢倉

⑦

東矢倉（二）

近江度量衡 ⑮

ゴール

野路町

エキセルリム ⑮

野上神社

東矢倉（三）

南草津駅

野路（一）

アトリエ
南草津

西友

野路（五）

南草津病院

卍教善寺

東矢倉南

東矢倉（三）

野上公園

近江草津徳洲会病院

東海道新幹線

追分町

野路南

卍願林寺

ここまで 4km

浄泉寺

マツヤ

卍

草津クレアホール

南田山

ここまで 3km

野路（六）

東矢倉（四）

フレンドマート⑤

④ 野路の玉川

南署🔥

A

野路（七）
蓮池グラウンド

野路（八）

B 京都駅へ

C

④

高穂中

⊗

ロクハ公園

ロクハ池

047

① 史跡草津宿本陣

しせきくさつじゅくほんじん

貴人・大名の宿泊記録も

本陣は勅使、公家、大名や旗本など身分の高い者が利用した休泊施設。草津宿には2軒あったが、そのうち1軒が現存し、公開されている。建坪468坪、部屋数30余と各地の本陣の中でも最大級で、往時の本陣の姿をよく留めている。大福帳（宿帳）には浅野内匠頭や吉良上野介、皇女和宮や新撰組の土方歳三などの名も見られる。

☎077-561-6636 ⊕草津市草津1-2-8 ￥240円（草津宿街道交流館との共通券350円） ⊕9:00～17:00 ⊛月曜（祝日の場合は翌日）、祝日の翌平日 MAP P47B2

国指定史跡の本陣の表門

② 草津宿街道交流館

くさつじゅくかいどうこうりゅうかん

草津の昔を知ろう

「宿場町・草津」と「旅」をテーマにした歴史館。かつての街道筋を描いた浮世絵や名所図会、旅の道具などの資料を展示するほか、浮世絵摺りや旅衣装の体験コーナーもあり、大人から子どもまで楽しみながら学ぶことができる。時間をとってじっくり見学したい。

旅籠の雰囲気を取り入れた外観

☎077-567-0030 ⊕草津市草津3-10-4 ￥200円（草津宿本陣との共通券350円） ⊕9:00～17:00 ⊛月曜（祝日の場合は翌日）、祝日の翌平日 MAP P47B2

1階のショップではオリジナルグッズの「五街道マップ」が人気

草津宿の歴史を多面的に展示、草津宿の復元模型や旅籠の再現などがある2階

坂上田村麿が東北鎮圧に際し道中安全を祈願したことから、厄除・交通安全の神と信仰される

☎077-562-0420
🏠草津市草津4-1-3
💴境内自由　MAP P47B2

❸ 立木神社
たちきじんじゃ

道標は県内最古

常陸国鹿島から白鹿に乗って旅に出た祭神の武甕槌命が、この地で柿の鞭を地面に刺したところ、枝葉が出て育った。この木を崇めて神殿を建てたのが始まりと伝え、平成29年に鎮座1250年を迎えた。境内に滋賀県最古の延宝8年（1680）の銘がある道標が立つ。

❹ 野路の玉川
のじのたまがわ

「萩の玉川」とも呼ばれた歌枕

かつて高野の玉川などとともに「日本六玉川」に数えられた湧水の泉。古来、多くの歌に詠まれ、萩の名所だったことから「萩の玉川」とも称された。昭和に地元有志の手で復元され、東海道を行く旅人の憩いの場でもあった名跡の面影を伝えている。

往時の雰囲気を今に伝える

☎077-566-3219（草津市観光物産協会）
🏠草津市野路
💴見学自由　MAP P47A4

豆知識

中山道
なかせんどう

近江商人も足繁く往来した街道

江戸と京・大坂を結び、江戸板橋から近江守山まで67宿。草津で東海道と合流する。別名木曽路、木曽街道。東海道の裏街道的な役割を果たし、距離は東海道より幾分長いが「川留め」が少なく、旅程の計算が立てやすかったという。通行が東海道に次いで多く、参勤交代の大名家30余、日光例幣使、高貴な女性の徳川降嫁、御嶽講中などに用いられた。

街道の分岐点に立つ追分道標

草津

おさんぽ の 途中に！　立ち寄りグルメ＆ショップ

☕ ベーカリー＆カフェ脇本陣
べーかりーあんどかふぇわきほんじん

脇本陣跡に立つ本格パン工房

毎日約40種のパンを焼き上げる。障がい者が働くお店として地域に親しまれ、早ければ昼までに売り切れる。コーヒー380円（持帰り280円）などとともにイートインできる。

☎077-567-0778
🏠草津市草津2-7-30
🕐8:00～16:00
🈲土・日曜、祝日　MAP P47B2

🛍 うばがもちや本店
うばがもちやほんてん

家康も絶賛した草津宿名物

姥が餅は、永禄12年（1569）六角義賢のひ孫を養うため、姥が作り始めたと伝わる。草津産の滋賀羽二重餅米を使った餅をこし餡で包んだ素朴な味わい。18粒入り900円。

☎077-566-2580
🏠草津市大路2-13-19
🕐9:00～19:00（土・日曜、祝日は8:00～20:00）
🈲無休　MAP P47C1

🛍 太田酒造
おおたしゅぞう

太田道灌を遠祖にもつ蔵元

自社栽培の山田錦を使った純米大吟醸無濾過生原酒 道灌720㎖2420円などの日本酒や、同社の栗東ワイナリーのワインを販売。江戸城築城の祖・太田道灌の資料も展示。

☎077-562-1105
🏠草津市草津3-10-37
🕐9:00～17:00
🈲日曜、第2・3土曜、祝日。不定休あり　MAP P47B2

［大津・湖南］

米原
近江高島
彦根
琵琶湖
近江八幡
★烏丸半島
草津
大津

烏丸半島

・からすまはんとう・

● 歩く時間 >>> 約**2時間**　　　　● 歩く距離 >>> 約**8.4**km

1日コース **START**

バス停びわこ博物館 ≫

> JR琵琶湖線
> 草津駅西口から
> 近江鉄道バス
> 琵琶湖博物館行
> きで24分

①
滋賀県立琵
琶湖博物館

徒歩すぐ
（所要60分）
≫

②
草津市立水生植
物公園みずの森
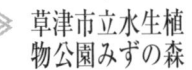

徒歩7分
（所要45分）
≫

③
烏丸
記念公園

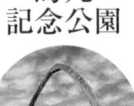

徒歩5分
（所要10分）
徒歩45分
≫

150m >
75m >
高低差 0m >

① バス停びわこ博物館
②
③

距離 >1km　>2km　>3km

のどかな水辺をたどり琵琶湖が満喫できる

三大神社、志那神社では
見事な紫藤が咲く

草津市の最北、琵琶湖に突き出す烏丸半島。一帯には琵琶湖の原風景といわれるヨシ原が広がり、半島内にある琵琶湖博物館では琵琶湖の自然がわかりやすく紹介されていて、楽しみながら学べる。博物館を見学後は、スイレンをはじめ多様な水生植物を観察できる草津市立水生植物公園みずの森へ。さらに、ユニークな石像が立ち並ぶ烏丸記念公園に立ち寄り、琵琶湖沿いに続く湖岸緑地を歩いて蓮海寺へ向かおう。コースの後半は、明るくのどかな湖岸平野を散策。一帯には、かつて琵琶湖の水運に大きな力をもった芦浦観音寺などの古社寺が点在している。またコースの東方、アプローチの一基点ともなる守山駅のあたりは江戸時代、中山道東下りの一番宿として栄えた宿場町。往時を偲ばせる古い町並みが残っており、時間があればぜひ足を延ばしたい。

烏丸半島

おさんぽアドバイス

烏丸半島から志那漁港までの湖岸沿いの道は整備もされていて歩きやすく、間近に琵琶湖が望める絶好のビューポイント。時間があれば芦浦観音寺から東へ約5kmの守山駅方向に足を延ばし、宿場町の風情も楽しみたい。

● おすすめ季節 >>> 春 🌸(4月下旬~5月上旬)　夏 🍃(7月下旬~8月)　秋 🍁

❹ 蓮海寺		❺ 志那神社		❻ 三大神社		❼ 芦浦観音寺		**GOAL** 🚌 バス停芦浦
	徒歩10分		徒歩10分		徒歩40分		徒歩5分	JR琵琶湖線草津駅まで近江鉄道バス草津駅西口行きで19分
(所要15分)		(所要15分)		(所要20分)		(所要20分)		

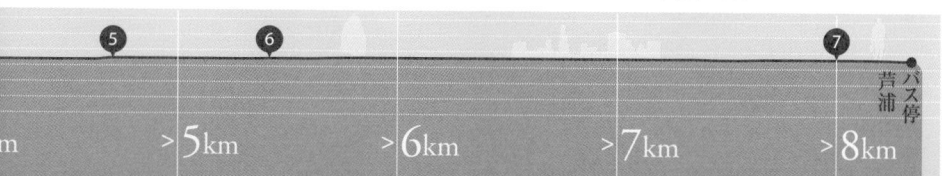

m　❺　>5km　❻　>6km　>7km　❼ バス停芦浦　>8km

烏丸半島

広域図は
P164へ

N 0 200m
1:23,000

琵琶湖

A B C

① 滋賀県立琵琶湖博物館
　🏠 おいでや P53
　🍴 にほのうみ P53

② 草津市立水生植物公園みずの森
　🍴 みずの森レストラン P53

洲本町
赤野井町
天神川水門橋
もりやま芦刈園
守山市
杉江町
山賀大橋
山賀町

スタート
びわこ博物館
UNEP国際環境技術センター
正面ゲート
東ゲート
ここまで
1km

③ 烏丸記念公園

烏丸半島前

🏠 道の駅草津
グリーンプラザからすま P53
🍴 ROCK BAY RESTAURANT P53

下物町

津田江北水門橋

津田江南水門橋
ここまで
2km

湖岸緑地
湖岸志那中町

④ 蓮海寺

湖岸緑地

ここまで
3km

下寺町
常教寺卍

草津市

ここまで
4km
卍

真珠養殖場

⑤ 志那神社

志那中町

ここまで
5km

志那町

ここまで
6km

平湖

⑥ 三大神社
北大萱町
卍宝光寺

北大萱町

なごみの郷

下笠町

⑦ 芦浦観音寺
芦浦町
ゴール
芦浦
芦浦町
ここまで
8km

森川原町

草津電機①
印岐志呂神社 🏠
ここまで
7km

片岡町
片岡町

志那中町

常盤小🏫
〒

上寺町

穴村町
穴村町

新堂町
新堂中🏫
中ノ井川
集町

052

ショップ&カフェ

おいでや

「湖と人間」をテーマにしたミュージアムショップ。オリジナルグッズをはじめ琵琶湖に関するグッズや書籍を販売。琵琶湖の主・ビワコオオナマズをモチーフにした商品が人気。

にほのうみ

「ブラックバス料理が食べられるレストラン」で話題沸騰中の店。湖の幸の天丼1120円など、独自のハーブ塩で調理した料理が味わえる。近江牛メニューも好評。

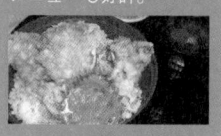

❶ 滋賀県立琵琶湖博物館
しがけんりつびわこはくぶつかん

楽しみながら琵琶湖を探る

約400万年に及ぶ琵琶湖の歴史や生態系などをガイド。湖中を再現した長さ10mのトンネル型の水槽もあり、頭上を泳ぐ魚影は迫力満点だ。令和2年10月に、太古の琵琶湖を紹介するA展示室、人と琵琶湖の関わりを紹介するB展示室がリニューアル。

ロシアのバイカル湖にしか生息しないバイカルアザラシも見られる

☎077-568-4811 ⓗ草津市下物町1091 ⓨ800円 ⓣ9:30〜17:00 ⓗ月曜(祝日の場合は開館)、臨時休館あり MAP P52B1

おさんぽの途中に! 立ち寄りグルメ&ショップ

● ROCK BAY RESTAURANT
ろっくべいれすとらん

地産地消にこだわった食事処

いちご狩りや野菜の収穫体験などが楽しめるROCK BAY GARDENにあるレストラン。地元の野菜をたっぷり使ったランチが味わえる。ハンバーグセットは800円。

☎077-568-3078 ⓗ草津市下物町1431 ⓣ11:00〜15:00 ⓗ月曜(祝日の場合は翌日) MAP P52B2

● みずの森レストラン
みずのもりれすとらん

季節の花を眺めつつひと休み

みずの森のロータス館内にあるレストラン。麺にハスの葉を練り込んだ「蓮うどん」690円や、ハスのパウダーを練り込んだハスソフト360円が人気。

☎077-568-2332(草津市立水生植物公園みずの森) ⓗ草津市下物町1091 ⓣ10:00〜16:00(季節変動あり) ⓗ月曜(祝日の場合は翌平日) MAP P52B1

🏠 道の駅草津 グリーンプラザからすま
みちのえきくさつぐりーんぷらざからすま

滋賀の特産品が勢揃い

地元農家が生産した野菜をはじめ、近江牛、近江米など滋賀県産の新鮮食材、特産品が豊富に揃う直売所。なかでも近江米はその場で1kgから量り売り、無料で精米もしてくれる。

☎077-568-1208 ⓗ草津市下物町1436 ⓣ9:00〜18:00(7・8月は〜19:00) ⓗ月曜(祝日の場合は翌日、7・8月は無休) MAP P52B2

陽光降り注ぐ温室のアトリウムでは、季節を問わず、色彩豊かなスイレンが咲く

② 草津市立水生植物公園みずの森
くさつしりつすいせいしょくぶつこうえんみずのもり

国内外の水生植物が集まる

多種多様な水生植物を見ることができる全国でも珍しい植物園。ロータス館では、ハスとスイレンの生態や歴史を映像、絵画、栽培展示などで紹介する。温室のアトリウムでは熱帯性スイレンの観賞が一年中可能だ。レストランや販売コーナーがあり、ハスを使ったオリジナル商品なども販売。

たくさんの花が迎えてくれる

☎077-568-2332　⑤草津市下物町1091　⑤300円　⑥9:00～17:00(7月中旬～8月中旬は7:00～)　⑥月曜(祝日の場合は翌平日)　MAP P52B1

豆知識

ハス
はす

開花は午前中だけ
清浄さを表す花

みずの森付近の湖岸は日本屈指のハスの群生地として有名だったが、平成28年に突然姿を消してしまった。今はみずの森で見られるだけ。ハスは国内では白亜紀の化石が発見されるほど、古くから自生するとされる多年性植物。植物学者の大賀一郎が、約2000年前の実を開花させた大賀ハスは有名。7～8月が開花時期で、夜明けごろから開花し、昼ごろにはしぼみ始める。

泥から生まれし、気高き花

③ 烏丸記念公園
からすまきねんこうえん

石畳が映える散策スポット

琵琶湖開発事業の記念に建設された石畳の公園。「琵琶湖とその水で潤う近畿」をテーマに創られた高さ15mのアーチ型のモニュメントがシンボルで、周辺には人間の営みを表現した12体のユニークな石像が並ぶ。野外ギャラリーのような雰囲気があり、散策を楽しむ人も多い。

☎077-568-4102（水資源機構琵琶湖開発総合管理所湖南管理所）
⑤草津市下物町1091-58　⑤入園自由
MAP P52B2

たくさんの彫刻が並ぶ開放感ある公園。石のベンチも設置

スイレンの見ごろは例年6月末〜7月

④ 蓮海寺
れんかいじ

水難除けの地蔵菩薩を祀る

本尊の木造地蔵菩薩立像は鎌倉時代の作で、重要文化財。古くから水難除けの御利益で知られ、湖上を往来する船主らの信仰を集めた。本堂横に広がる千蓮美那の池はスイレンの名所として知られ、花期には他府県からも多くの人が訪れる。

☎077-568-0749(宗源寺) ⓗ草津市志那町936
ⓣ境内自由(本堂拝観は前日までに要予約)
MAP P52A3

⑤ 志那神社
しなじんじゃ

志那の港を見守る風の神

中世以降、琵琶湖南部の交通の要港となった志那港が近くにあり、湖上を行き交う船の安全を見守ったとされる風の神さまを祀っている。重文指定の小振りの本殿は一間社流造の檜皮葺で、永仁6年(1298)、鎌倉時代後期の再建と伝わる。

☎077-566-3219(草津市観光物産協会)
ⓗ草津市志那町727
ⓣ境内自由 MAP P52A3

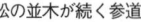
松の並木が続く参道

湖からの風が心地よく静かな境内

⑥ 三大神社
さんだいじんじゃ

由緒ある藤が咲き誇る古社

藤原鎌足ゆかりの藤の樹があることで知られる。織田信長の時代に戦火で焼失したが、のちに株元から芽生え、樹齢400年余の大樹となった。花房は2mほどで「砂ずりの藤」と呼ばれる。最盛期にはライトアップや藤まつりが催される。

本殿脇に立つ正応4年(1291)銘の石燈籠は重文

☎077-566-3219(草津市観光物産協会) ⓗ草津市志那町309 ⓣ境内自由(4月下旬〜5月上旬の藤の開花期は協力金200円) MAP P52B4

☎077-568-0548
ⓗ草津市芦浦町363-1
ⓣ境内自由(堂内拝観は5人以上で要予約、400円。※5月4・5日、11月23日の一般公開は予約不要) MAP P52C3

隆盛の名残がひっそりと佇む
城塞を思わせる重厚な構え。木漏れ日の中、歴史ロマンを散策

⑦ 芦浦観音寺
あしうらかんのんじ

重厚な城郭造の寺院

聖徳太子の開基と伝わる古刹。室町時代から江戸時代にかけて、船奉行として湖上の渡船を統括し、権勢を誇った。寺の守備を固めるためか、濠や石垣を巡らす城郭のような外観が、当時の寺の繁栄を感じさせる。

烏丸半島

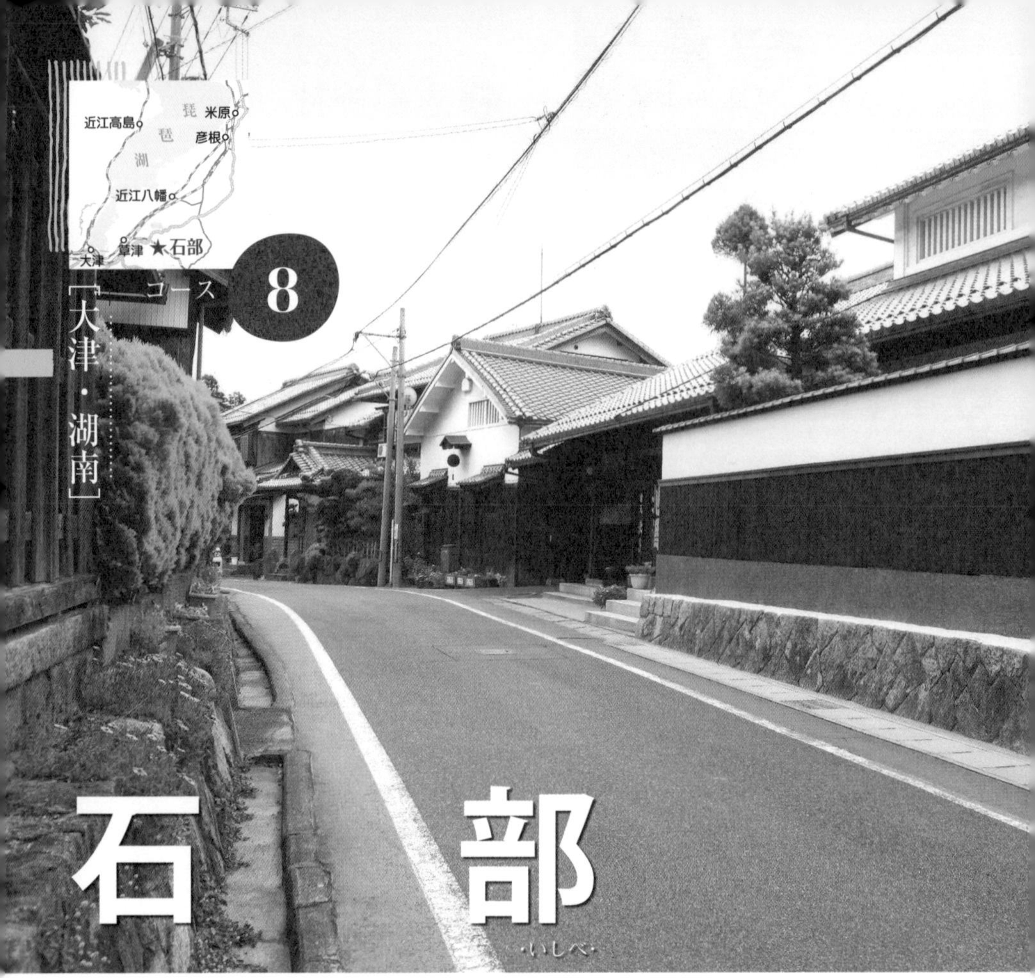

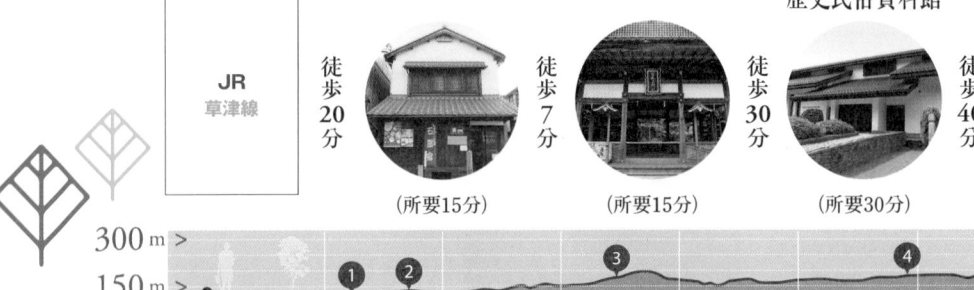

近江高島
米原
彦根
琵琶湖
近江八幡
大津
草津
★石部

コース 8

［大津・湖南］

石部
・いしべ・

歩く時間 >>>約3時間50分　歩く距離 >>>約15.2km

1日コース START

石部駅 ≫ ①いしべ宿驛 ≫ ②吉御子神社 ≫ ③東海道石部宿歴史民俗資料館 ≫

JR 草津線

徒歩20分

（所要15分）

徒歩7分

（所要15分）

徒歩30分

（所要30分）

徒歩40分

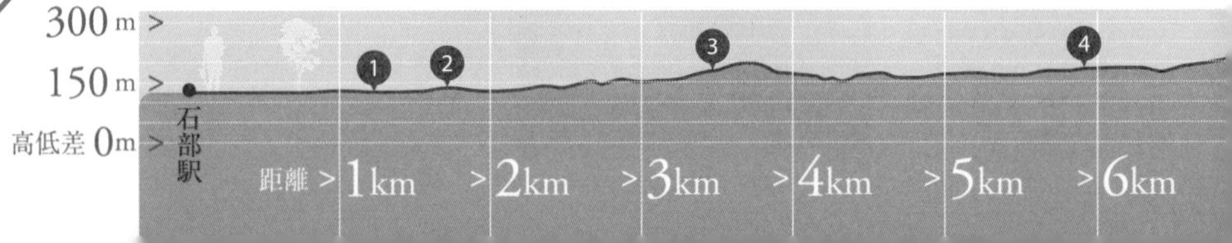

300m >
150m >
高低差 0m >
石部駅
距離 > 1km > 2km > 3km > 4km > 5km > 6km

東海道五十三次の関所を再現した
石部駅前公園

旅人たちが往還した宿場町の面影を偲んで歩く

東海道の51番目の宿場町として栄えていた石部界わい。ゆったりと流れる野洲川の左岸を走る旧街道沿いには、昔日の面影を色濃く残した家並みが続く。この一帯は古代の山岳信仰の名残をとどめる古刹が点在し、すでに奈良時代以前から交通の要衝として開けていた。江戸時代の全盛期の石部宿には62軒もの旅籠が連なり、大勢の旅人を迎えていた。京都を朝方に旅立つと、石部には夕暮れに到着したことから「京立ち石部泊まり」といわれ、京都から江戸へ向かう旅人が最初に宿泊した宿場であり、また伊勢路への街道としても賑わったという。街道の南にそびえる阿星山の山麓に甍を連ねる長寿寺や常楽寺、鎮守の森に抱かれた吉御子神社、吉姫神社など、貴重な文化財を有する古社寺も多い。自然豊かな環境に浸りながら、のどかな風景の中に佇んでみよう。

おさんぽアドバイス

旧東海道の町並みを歩く間は、のんびりと家並みを眺めて行くことができる。歴史民俗資料館がある雨山文化運動公園は月曜と祝日の翌日は休園のため、その日は吉御子神社からショートカットして常楽寺を目指そう。

石部

● おすすめ季節 >>> 春 🌸 秋 🍁

④ 常楽寺 — 徒歩25分 — ⑤ 長寿寺 — 徒歩45分 — ⑥ 吉姫神社 — 徒歩40分 — ⑦ 由良谷川隧道 — 徒歩15分 — **GOAL** 甲西駅

(所要30分)

（所要30分）

（所要15分）

（所要5分）

JR
草津線

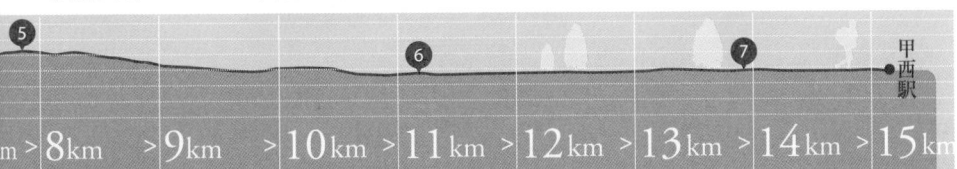

⑤ | 8km | 9km | ⑥ 10km | 11km | 12km | ⑦ 13km | 14km | 甲西駅 15km

057

❶ いしべ宿驛
いしべしゅくえき

街道歩きのオアシス

石部は京から江戸へ向かう旅人が最初に泊まった宿場で、旅籠や本陣が立ち並んでいた。本陣跡に立つ、いしべ宿驛は無料休憩所の「こころの街角サロン」。時代がかった建物の1階は囲炉裏のある土間で、石部宿の地図や資料写真を展示している。

☎0748-77-5580（なんてん共働サービス）● 湖南市石部中央3-11-21 ● 無料 ● 10:00〜16:00 ● 月曜 MAP P58A1

街道歩きの無料休憩所・いしべ宿驛

石部

広域図はP165へ

0　200m
1:28,000

A 石部駅　B　C 正福寺

スタート

石部北（一）

石部口（一）

石部口（二）

野洲川

西縄手
にしなわて

江戸時代、大名行列が宿場に入る前に整列した所。真っ直ぐな道に松並木が続いていた。

P61 田楽茶屋
石部緑台（一）

松籟公園

ここまで2km

石部西

❷ 吉御子神社

ここまで3km

谷口長栄堂 P59
西庁舎前

ここまで1km

石部口（六）

⑪日本ネットワークサポート

石部口（一）

石部口（三）

石部中央（二）

石部口（四）

⑪カルビー

甲西陸運

草津線

明清寺
岡出（三）

❶ いしべ宿驛

平和堂

石部東（六）

落川（四）

石部東

ここまで11km

ここまで12km

中央

雨山（一）
※1

❸ 東海道石部宿歴史民俗資料館

石部小（八）

（七）（五）

❻ 吉姫神社

旧東海道

甲西陸運

平松北（二）

甲西

石部中（四）

宝来坂（一）

日本精工 石部南

宮の森

柑子袋

平松

西照寺

❷ 石部

ここまで4km

※2

石部が丘（二）

ここまで10km

湖南市

ゴール

ここまで15km

甲西駅

月曜と祝日の翌日は雨山文化公園休園のため、※1〜※2の間は通行不可

石部南小（一）

石部南（六）

石部南（四）

（一）

ここまで9km

高札場跡
こうさつばあと

人通りの多い辻などに禁令などの立札が立てられた高札場。ここの高札場の南側には芝居小屋「常盤館」があったという。

栗東市（三）

丸山

ここまで5km

石部高（四）

石部高前

シーアイ化成（五）

北島酒造 P59

ここまで13km

針

東坂

ここまで6km

西寺（三）

美松山

タキイ研究農場

❸ ❹ 常楽寺

西寺（六）

❺ 長寿寺

ここまで8km

東寺

東寺

ここまで7km

（五）

厄除け、安産、交通安全の守護神

深い森にひっそりと佇む本殿

❷ 吉御子神社
よしみこじんじゃ

古代の面影が残された神社

崇神天皇時代の創建と伝えられる古社。うっそうとした木々に包まれた本殿は、京都の上賀茂神社の旧本殿を、幕末の慶応元年(1865)に移築したものという。三間社流造、檜皮葺の建築で、重文に指定されている。

☎0748-77-2246　🏠湖南市石部西1-15-1
🕐境内自由　MAP P58A1

❸ 東海道石部宿歴史民俗資料館
とうかいどういしべしゅくれきしみんぞくしりょうかん

江戸情緒と歴史民俗の館

東海道五十三次図をはじめ大名の網代駕籠や関札、宿帳など宿場町の歴史資料を展示。隣には旅籠、茶店、商家など江戸時代の石部宿の様子を再現した「石部宿場の里」がある。

上)旅籠などを再現した石部宿場の里
下)街道の資料を展示する

☎0748-77-5400(雨山公園管理事務所)　🏠湖南市雨山2-1-1　💴350円　🕐9:00～16:30　❌月曜(祝日の場合は翌日)、祝日の翌日　MAP P58A2

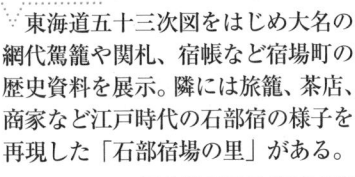

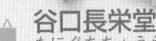
おさんぽの途中に！ 立ち寄りグルメ&ショップ

谷口長栄堂
たにぐちちょうえいどう

大福が人気の老舗和菓子店

果実を丸ごと入れるなどした多彩な大福が人気で、特に冬～春限定のイチゴ大福160円は心待ちにしているファンが多い。地元に伝わる石部太鼓をモチーフにした最中130円もおすすめ。

☎0748-77-2101　🏠湖南市石部西1-8-13　🕐9:00～18:00　❌不定休　MAP P58A1

北島酒造
きたじましゅぞう

日本酒一筋200余年

定番の「御代栄」と挑戦の「北島」という2つのブランドを中心に、日本酒ベースのリキュールや季節限定の原酒なども揃う。「しぼったそのまま一番酒」は720㎖1571円～。

☎0748-72-0012　🏠湖南市針756　🕐9:00～17:00　❌日曜、祝日(4月末～10月上旬は水・土曜不定休もあり)　MAP P58C2

④ 常楽寺
じょうらくじ

湖南三山の一つ

奈良時代に良弁僧正が、元明天皇の勅命により建立したと伝えられる。堂々たる本堂と背後の三重塔は室町初期に再建されたもので、ともに国宝。本尊木造千手観音坐像は秘仏だが、重要文化財の二十八部衆立像や釈迦如来坐像など貴重な仏像を間近に拝観することができる。

☎0748-77-3089
⊕湖南市西寺6-5-1　㊟600円
⊕10:00〜16:00(拝観は要予約。紅葉期の11月中〜下旬の約2週間は予約不要)　MAP P58A3

長寿寺、善水寺とともに湖南三山と呼ばれる常楽寺の本堂と三重塔

紅葉に彩られた国宝指定の本堂

木立の中にある石造多宝塔は高さ約3.5m

⑤ 長寿寺
ちょうじゅじ

楓が包む国宝の本堂

奈良時代後期に聖武天皇の勅願により建てられたと伝わる天台宗の古刹。楓の木々に包まれた参道の奥に、美しい檜皮葺の国宝の本堂がある。左には白山神社の社殿、背後には丈六の阿弥陀如来坐像が安置されている収蔵庫が立つ。

☎0748-77-3813
⊕湖南市東寺5-1-11
㊟600円　⊕9:00〜16:00
MAP P58B3

木々に包まれた長寿寺の山門

⑥ 吉姫神社
よしひめじんじゃ

街道に鳥居が面する女神を祀る古社

木花開耶姫や上鹿葺津姫大神、吉姫を祀る古社。女神様として、西方にある吉御子神社（男神様）と対の関係にある。社蔵の木造狛犬は南北朝時代の作ともいわれ、境内には万病に効用ありという宮前の湧水が湧いている。

☎ 0748-77-2520　🏠 湖南市石部東8-4-1
🕐 境内自由　🗺 P58B2

木々に囲まれた美しい佇まいの社殿

夏見と針の間にある隧道の上を川が流れる

⑦ 由良谷川隧道
ゆらたにがわずいどう

街道を横切る天井川のトンネル

由良谷川は平時は水がない河川で、中下流は天井川となり旧東海道を横切っている。隧道は明治19年（1886）にこの天井川の下に造られた。欠円アーチ断面、側壁は花崗岩切石積みで、長さ16.06m、幅4.55m、高さ3.64m。

☎ 0748-71-2331（湖南市商工観光労政課）
🏠 湖南市針・夏見　🕐 見学自由　🗺 P59D3

石部

観光クローズアップ

◎ 田楽茶屋
でんがくちゃや

旅人が休んだ茶屋の面影を伝える

石部宿は東海道名所図会で紹介された豆腐田楽が有名となり、多くの旅人に親しまれた。その田楽茶屋を再現した建物は、街道の町並みを歩く人の休み処として利用されている。味噌田楽500円や、日替わり定食800円も味わえる。

☎ 080-4982-5580　🏠 湖南市石部1-8-19　🕐 10:00〜16:00　🚫 月曜　🗺 P58A1

左・上）「東海道五十三次」の絵をもとにした茶屋
下）中は食事処になっている

歴史を学ぶ

◎ 江戸と京の都を結んだ東海道

慶長6年（1601）、徳川家康がけた。これがいわゆる「五街道整備」に着手し、5つの街道と「宿」を制定。おなじみの「東海道」が誕生した。

日本橋（江戸）から三条大橋（京都）に至る宿駅は、53カ所で、途中の箱根と新居に関所を設けた。その後、慶長8年（1603）に東海道松並木や一里塚を整備したという。さらに大阪までを加えて東海道五十七次といわれることもある。

旧東海道の面影を残す石部の町並み

コース **9**

大津・湖南①

水口

・みなくち・

祭りと城跡を巡り心洗われる古刹の庭へ

● 歩く時間 >>>
約1時間30分

● 歩く距離 >>>
約5.7km

● おすすめ季節 >>>
春 🌸 秋 🍁

京都から伊勢に通じる街道上の要地・水口は、城下町、宿場町として発展した町。東海道五十三次の50番目であった宿場的要素は京町、元町など東のエリアに色濃く、城下町関連の施設は町中心部付近に多い。ここでは城下町と曳山祭を主としたコース設定で、大池寺だけは少し離れた郊外になる。

> おさんぽアドバイス

からくり時計の設置されている旧東海道沿いの、古い家並みが残る京町、元町あたりの本陣跡や脇本陣へ足を延ばすのもいい。

半日コース **START**

水口城南駅 — 近江鉄道 本線

徒歩1分

1 甲賀市水口歴史民俗資料館 （所要30分）

徒歩4分

2 水口神社 （所要15分）

徒歩25分

3 水口城跡（水口城資料館） （所要30分）

徒歩30分

4 大池寺 （所要45分）

徒歩30分

GOAL 水口駅 — 近江鉄道 本線

高低差 300m / 150m / 0m

1 **2** 水口城南駅 **3** **4** 水口駅

距離 > 1km > 2km > 3km > 4km > 5km

（地図）琵琶湖 米原 近江高島 彦根 近江八幡 水口 ★ 大津 草津

水口

広域図は P165へ

N 0 100m
1:14,000

日立建機ティエラ
水口町笹が丘
名坂風致公園
水口町山
甲賀病院

水口町北脇
④ 大池寺
①

水口町松尾

水口町名坂
ここまで
4km
ここまで
3km

水口町東名坂
国道水口松尾台

名坂北
西名坂
名坂
東名坂
①
水口センチュリー
日野駅へ
②
水口町水口

ホタルクス
⑤アル・プラザ ・水口アレックスシネマ
ペガサスミシン

水口町日電
ここまで
5km
水口町本綾野

水口町
西林口
甲賀市
⑦
ゴール
水口駅
水口町
朝日が丘

水口町
東林口
水口町綾野
⑨綾野小
水口町新町
(二)

水口町古城が丘

水口町城内
ここまで
2km
水口町城東
水口町新町 (一)
新町

水口町
中邸
心光寺卍
① 水口教会礼拝堂 P64
水口町八坂
ここまで
1km
水口町本町
(三)
水口小
水口町水口

水口中央公民館
水口町八光
水口町本町
(二)
古城山▲
③

水口町本丸
水口高
水口石橋駅
① 旧水口図書館 P64
大岡寺卍

③ 水口城跡 (水口城資料館)
水口町梅が丘
水口町本町
(一)

水口町的場
近江鉄道水口・蒲生野線
水口町鹿深
水口町京町

水口城南駅
水口公園
水口町
松栄
宮の前
水口町神明

スタート
甲賀市役所
水口町
宮の前
水口町暁
近江グリーンロード

水口町水口
甲賀署⊗
西友
② 水口神社
水口町
高塚

内貴橋北詰
アヤハディオ⑤
⑤エディオン

からくり時計
水口町
元町

水口大橋北詰
内部にからくりを仕込み
全体として曳山を模した
大型時計。旧東海道沿い
の東西2カ所にあり、東
側は本水口バス停近。

① 甲賀市水口歴史民俗資料館

水口町北内貴
水口大橋南詰
野洲川
④

307

A **B** **C**

❶ 甲賀市水口歴史民俗資料館
こうかしみなくちれきしみんぞくしりょうかん

水口曳山祭の曳山を間近に見る

水口曳山祭で実際に巡行する曳山を展示するので「曳山の館」とも呼ばれる。あわせて東海道水口宿文書などの歴史や民俗に関する資料を多数展示紹介。水口ゆかりの書家や文学者を顕彰する巌谷一六・小波記念室もある。

☎0748-62-7141　🏠甲賀市水口町水口5638
💴150円（水口城資料館共通券200円）
🕐10:00〜17:00　🚫木・金曜　MAP P63A3

図書館と入口が同じ。庭には昔の道標が展示されている

境内には南北朝期の六角石燈籠も残る

貞観元年（859）に従五位下から従五位上に進階したとの記録が残っており、創建はさらに遡る

❷ 水口神社
みなくちじんじゃ

曳山祭のメイン会場

式内社。祭神の大水口宿禰命は水口を開拓した祖神。平安期には社地も34町×25町と広大だった。6月30日には大きな茅の輪が鳥居に設置され、夏越の大祓が執り行われる。2月3日の節分祭・鬼やらい式も有名。

☎0748-62-0231　🏠甲賀市水口町宮の前3-14
💴境内自由　MAP P63A3

豆知識

水口曳山祭
みなくちひきやままつり

情趣の宵宮、豪華絢爛たる巡行

県無形民俗文化財に指定されている水口神社の例大祭。享保年間に初めて曳山が奉納され今日に至る。往時の賑わいは格別で、藩主や家臣たちも見物したという。祭りは4月19日が宵宮、20日が本祭。豪華な曳山が町を巡行し、鉦・太鼓・笛による独特な「水口ばやし」で盛り上げる。曳山などが揃って水口神社に入る「宮入り」が祭りのハイライト。神輿の還御ののち、提灯に灯をともして各町内へ戻る「帰り山」も味わい深く、情緒に富む。

観光クローズアップ

水口のヴォーリズ建築を訪ねる

W.M.ヴォーリズは明治38年（1905）に英語教師として来日、社会・福祉事業に活躍する一方で、近江八幡に設計事務所を開いた。彼の設計になる装飾性と実用性の調和した和洋折衷式建物をヴォーリズ建築と呼び、全国1600以上に及ぶ。水口に残る2件はその最盛期の例で小規模ながら高水準。ともに国の登録有形文化財となっている。

旧水口図書館
きゅうみなくちとしょかん
昭和3年完成。鉄筋コンクリート造り、郷土出身者の寄付により建てられた。内部公開は毎月第2・4日曜の10〜16時、無料。
MAP P63C3

水口教会礼拝堂
みなくちきょうかいれいはいどう
昭和5年完成、木造モルタル仕上。住宅風のシンプルな平屋。内部の礼拝室の隣が畳敷和室という和洋折衷。今も現役の教会。
MAP P63B3

❸ 水口城跡（水口城資料館）
みなくちじょうあと（みなくちじょうしりょうかん）

矢倉の中は資料館

徳川家光が上洛に先立ち、途次の宿館として小堀遠州に造らせたのが水口城。のちに水口藩主加藤氏代々の居城となったが明治維新で廃城。平成3年、出丸部分に往時の本丸矢倉を再現、内部に水口城や水口藩の資料を展示する。

☎0748-63-5577　🏯甲賀市水口町本丸4-80
💴100円（歴史民俗資料館との共通券200円）
🕐10:00〜17:00　🚫木・金曜　MAP P63A3

左）石垣は往時のまま。石垣に接する水口高校グラウンドが本来の本丸跡　右）築城当時の復元模型も館内に展示する

往時の矢倉の姿を再現

水口

伝小堀遠州作の観賞式枯山水庭園

❹ 大池寺
だいちじ

小堀遠州作の蓬莱庭園の美

寺名は周囲にある4つの大池に由来。奈良時代の高僧行基が、これらの灌漑池を造るとともに、その中央に本堂を建てたのが寺の始まりという。名高い蓬莱庭園は水口城の作事奉行だった小堀遠州の作と伝えられ、サツキの大刈込みで理想郷をかたどる。

☎0748-62-0396　🏯甲賀市水口町名坂1168
💴400円　🕐9:00〜17:00（冬期は〜16:00）
MAP P63B1

鎌倉期に無才智翁禅師が天台から禅刹に改めた

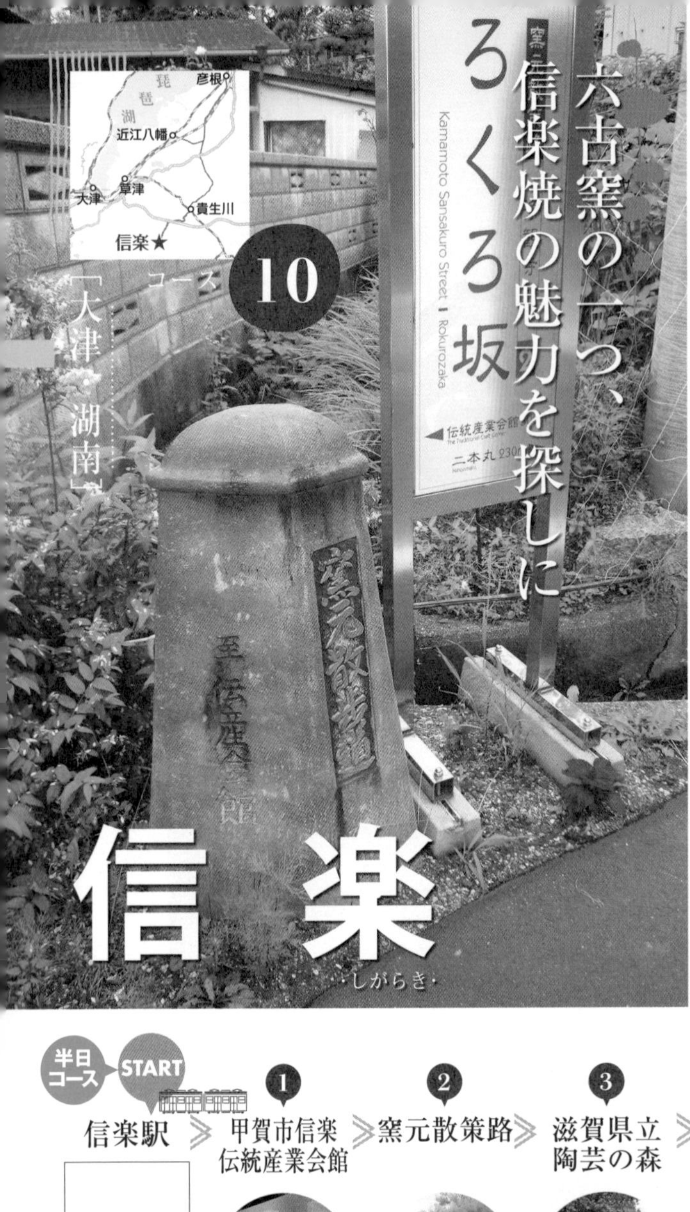

信楽
しがらき

[大津・湖南]

コース **10**

六古窯の一つ、信楽焼の魅力を探しに

ろくろ坂

Kamamoto Sansakuro Street / Rokurozaka

伝統産業会館
二本丸 930m

● 歩く時間 >>>
約2時間

● 歩く距離 >>>
約7.5km

● おすすめ季節 >>>
春 ❀ 秋 🍁

奈 良時代に発祥し、鎌倉中期以降に発展した信楽焼。その伝統を継ぐ窯元が数多く集まる陶芸の里を巡る。伝統産業会館に併設の観光案内所で窯元散策路の地図をもらうとわかりやすい。見学や作陶体験のできる窯元もある。陶芸の森は広い園内に屋外美術館のように作品が並び、さまざまなイベントも開催される。

《 おさんぽアドバイス 》

一帯には100を超える窯元や工房が集まっており。器探しを兼ねて歩くのも楽しい。10月には信楽陶器まつりが催される。

半日コース START

信楽駅 — 信楽高原鐵道 — 徒歩3分

1 甲賀市信楽伝統産業会館（所要20分）— 徒歩7分

2 窯元散策路（所要30分）— 徒歩65分

3 滋賀県立陶芸の森（所要60分）— 徒歩35分

4 玉桂寺（所要20分）— 徒歩3分

GOAL 玉桂寺前駅 — 信楽高原鐵道

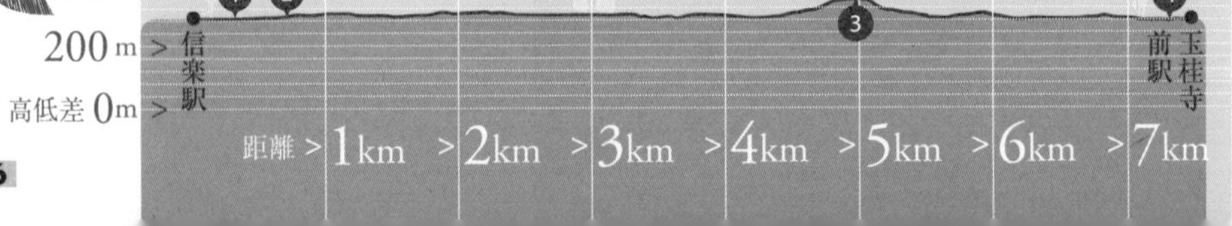

高低差	400m	200m	0m

距離 > 1km > 2km > 3km > 4km > 5km > 6km > 7km

❶ 甲賀市信楽伝統産業会館
こうかししがらきでんとうさんぎょうかいかん

信楽焼について学べる

信楽焼の殿堂。2020年4月、旧会館の約250m東に新築移転し、展示もリニューアルされた。常設展示室では鎌倉時代以降の信楽焼の優品を展示。特産のお茶とともに発展してきた焼物の歴史を紹介している。観光案内所を併設。

信楽焼の魅力を発信する

☎0748-82-2345
🏠甲賀市信楽町長野1203 💴無料 🕘9:00～17:00 🚫木曜（祝日の場合は翌日）
MAP P68C3

左)信楽焼の製造道具や昭和期の生活用品なども展示　右)各時代の名品が並ぶ

信　楽

豆知識

信楽焼
しがらきやき

長い歴史に育まれた日本六古窯の一つ

陶器ファンは李朝と信楽で死ねるという。それほど人をひきつける信楽焼の最大の魅力は無釉の器肌の美しさにある。土に含まれる鉄分が窯の炎で酸化し、赤褐色に発色する火色、降灰による色の変化など、土と炎がもたらす趣が味わい深い。その種類も多く、「うずくまる」と呼ばれる壺、水指などの茶道具、庭園用具、タイルから食器、福狸など多岐にわたる。

日々新しい作品が生まれる

おさんぽの途中に！　立ち寄りグルメ＆ショップ

☕ Ogama
おおがま

窯元散策路にある憩い空間

約400年の歴史を誇る窯元・明山窯がプロデュース。役目を終えた登り窯を眺めながらくつろげるカフェ、ギャラリーショップがある。カフェのひと休みセット750円。

☎0748-82-8066 🏠甲賀市信楽町長野947 🕘10:00～16:00LO 🚫水・木曜（祝日の場合は営業）
MAP P68A2

☕ cafe あわいさ
かふぇ あわいさ

信楽作家の逸品と出会える

飾り棚には信楽を中心とする作家の作品が置かれ、作家と人との「間」(＝アワイサ)をとりもつ出会いの場としての役目も果たすカフェ。土鍋炊きご飯のタイカレー950円。

☎0748-60-2160 🏠甲賀市信楽町長野903-2 🕘11:00～17:00 🚫日・月曜、1・2月 MAP P68B2

🛍 宗陶苑
そうとうえん

江戸期の巨大窯がシンボル

江戸時代に造られた国内最大級の登り窯で多種多彩な器を作り出す窯元。日本一大きいというタヌキをはじめ屋外にも商品がずらりと並ぶ。陶芸体験1800円～もできる。

☎0748-82-0316 🏠甲賀市信楽町長野1423-13 🕘8:30～17:30 🚫無休 MAP P68A3

❷ 窯元散策路
かまもとさんさくろ

登り窯や作品を見て歩く

窯元が多く集まる長野地区を中心に設定されている散策路。ろくろ坂、ひいろ壺坂、窯場坂と名付けられた坂道にはそれぞれ陶板のプレートが埋められ、案内看板が設けられている。道沿いにはギャラリーやカフェも点在している。

☎0748-82-2345（信楽町観光協会） 🚍甲賀市信楽町長野 🕐散策自由 MAP P68B2

作品を前に並べた窯元もあり、見て歩くだけで楽しい

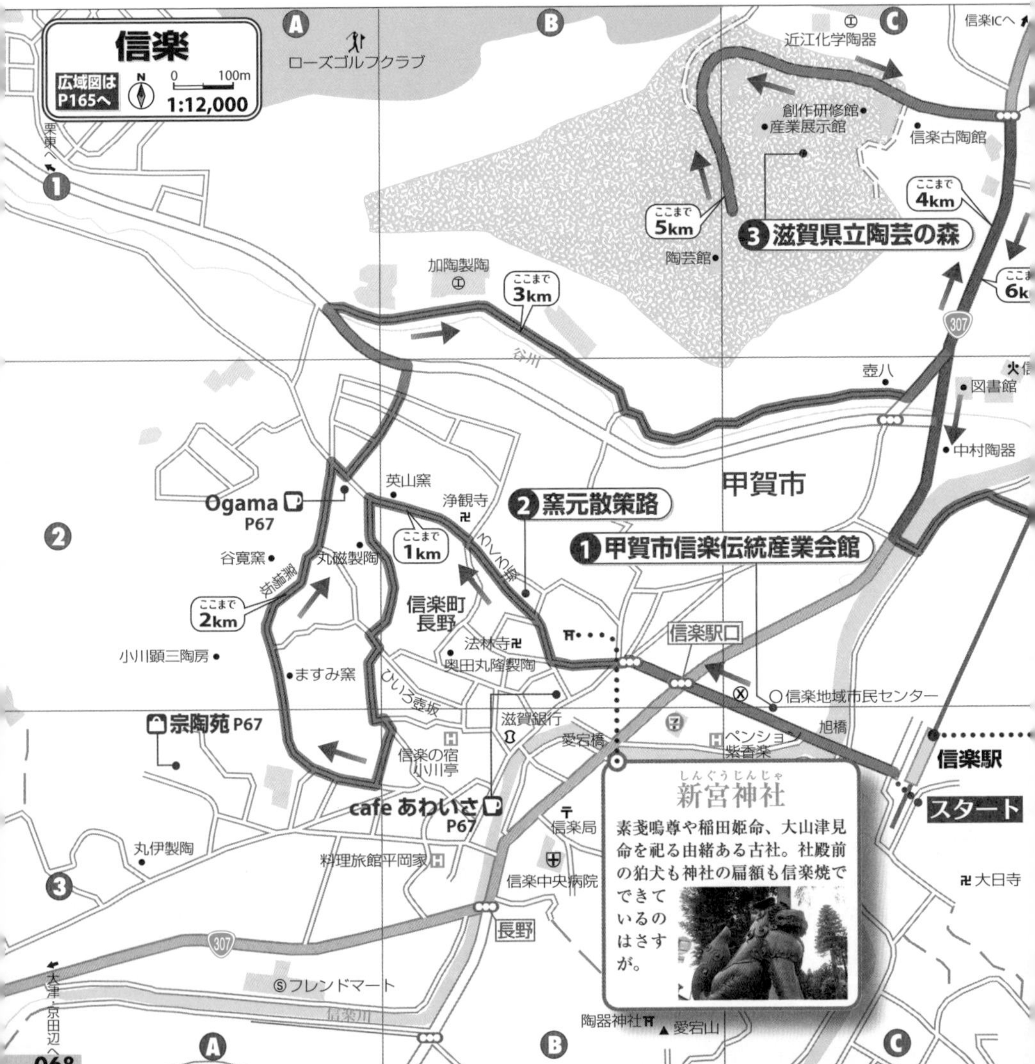

信楽

広域図は P165へ

N 0　　100m
1:12,000

ローズゴルフクラブ

信楽ICへ

近江化学陶器

創作研修館・産業展示館

信楽古陶館

ここまで 5km

❸ 滋賀県立陶芸の森

陶芸館

ここまで 4km

栗東へ

加陶製陶

ここまで 3km

谷川

307

壺八

火伏

ここまで 6km

図書館

中村陶器

英山窯

浄観寺

❷ 窯元散策路

甲賀市

Ogama P67

谷寛窯

丸磁製陶

宗陶苑

ここまで 1km

❶ 甲賀市信楽伝統産業会館

ここまで 2km

信楽町長野

法林寺

奥田丸隆製陶

信楽駅口

信楽地域市民センター

小川顕三陶房

ますみ窯

宗陶苑 P67

信楽の宿 小川亭

滋賀銀行

ペンション紫香楽

旭橋

信楽駅

スタート

cafe あわいさ P67

信楽の宿

愛宕橋

新宮神社

素戔嗚尊や稲田姫命、大山津見命を祀る由緒ある古社。社殿前の狛犬も神社の扁額も信楽焼でできているのはさすが。

しんぐうじんじゃ

丸伊製陶

料理旅館平岡家

信楽中央病院

大日寺

長野

307

フレンドマート

信楽川

陶器神社 愛宕山

大津・京田辺へ

「気をつけ」をした狸がユーモラス

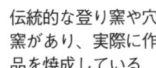

伝統的な登り窯や穴窯があり、実際に作品を焼成している

❸ 滋賀県立陶芸の森
しがけんりつとうげいのもり

自然の中で陶芸の魅力を

広大な敷地の中に、特別展などを開催する陶芸館(陶芸美術館)、信楽焼の作品を紹介する信楽産業展示館、世界中の陶芸家が作品を制作する創作研修館が立つ。モニュメントや穴窯、登り窯を見て歩き、カフェレストランやショッピングも楽しもう。

☎0748-83-0909 ⓓ甲賀市信楽町勅旨2188-7
ⓡ陶芸館以外は無料 ⓣ9:30〜17:00(陶芸館・信楽産業展示館への入館は〜16:30)
ⓗ月曜(祝日の場合は翌日) MAP P68C1

緑豊かな敷地にさまざまな施設が立つ。写真は陶芸館

貴生川駅へ

D

信楽町勅旨

玉桂寺前駅

ゴール
保良の宮橋

①

信楽高原鐵道

大戸川

④ 玉桂寺

ここまで
7km

②

たぬきでんわ
信楽駅を出ると、信楽名物の大きな福狸がお出迎え。よく見ると、向かって左下に公衆電話が置かれている。

③

D

❹ 玉桂寺
ぎょくけいじ

保良宮の遺跡に立つ

紫香楽宮近くに淳仁天皇が造営したのが保良宮。その御所をのちに寺に改めたのが玉桂寺の起こりと伝える。現在は高野山真言宗。ぼけ封じの観音菩薩と神経痛除けの薬師如来の寺として知られる。生い茂るコウヤマキの巨木群は弘法大師お手植に始まるという。

参道両側に、県天然記念物のコウヤマキがある。樹齢500〜600年の巨木が多い

玉桂寺本堂。古刹の風格が漂う

☎0748-83-0716 ⓓ甲賀市信楽町勅旨891 ⓡ境内自由 MAP P69D1

近江に覇を競った
古城・城跡

　滋賀は、奈良や京都という都を隣国にもったことから、たびたび争乱に巻き込まれてきた。都と東国、北陸を結ぶ街道が通り、琵琶湖の湖上交通も都への重要な道であったため、「近江を制する者は、畿内を制する」といわれ、中世には山城や琵琶湖を利用した水城が各地に造られた。ここで紹介している以外に大津城跡や朽木陣屋跡などもあり、歴史に登場する城や陣屋跡は多い。

膳所城跡
ぜぜじょうあと

関ヶ原合戦の後、大津城に代わる京への備えとして築城。長く本多6万石の居城だったが、明治に廃城となり、湖中に突き出して築かれた本丸跡は膳所城跡公園となっている。ほかに城門が残る。 **MAP P164B2**

坂本城跡
さかもとじょうあと

比叡山の監視と、琵琶湖・西近江路の掌握のため、信長が明智光秀に築かせた。下阪本の東南寺あたりが本丸跡で、湖岸や湖中から石垣が出土。琵琶湖を利用した水城と推定される。 **MAP P30C4**

水口城跡
みなくちじょうあと

寛永11年(1633)徳川家光の上洛時の宿館として小堀遠州が築城。本丸と二の丸からなり、京都・二条城を小型にした形だった。堀と石垣が残る城跡に、矢倉を再現した水口城資料館が立つ。 **→ P65**

安土城跡
あづちじょうあと

織田信長が「天下布武」の象徴として築城。山頂に築かれた5層7階の天主をはじめ、建物は本能寺の変後に焼失。「安土城天主 信長の館」や、安土城郭資料館の復元模型がその姿を伝える。 **→ P81**

観音寺城跡
かんのんじじょうあと

戦国時代、繖山に築かれた佐々木六角氏の居城。典型的な山城で、山頂部に本丸跡の石垣や石段、3つの曲輪の跡が残っている。頂上からは湖東平野や旧中山道の眺望が開ける。 **MAP P167E4**

彦根城
ひこねじょう

関ヶ原合戦後、近江に入った井伊氏の居城。徳川家康は本多忠勝ら12大名に築城を助勢させて完成した。明治の廃城令を免れ、国宝の天守をはじめ多数の櫓、庭園が残っている。 **→ P106**

佐和山城跡
さわやまじょうあと

近江国守護佐々木氏が築城、石田三成が城主となってから、5層の天守を構えた。関ヶ原戦後、井伊直政が入城したが、彦根築城にともない建物の多くは彦根城や城下の寺に移築された。 **MAP P171B5**

長浜城
ながはまじょう

浅井氏を滅ぼした羽柴秀吉が、江北3郡を領して築いた城。元和元年(1615)廃城となり、建物や石垣は彦根城などに移築。現在の城は昭和58年に歴史博物館として再興されたもの。 **→ P122**

小谷城跡
おだにじょうあと

京極氏に代わって戦国の湖北を制した浅井氏3代の居城。山頂から清水谷を挟んで多数の曲輪、出丸を配した中世を代表する山城。土塁、石垣、出土した遺物が名残りを伝える。 **→ P127**

ま　だ　あ　る

豊臣秀次が
八幡山山頂に
築城した

八幡山城跡
MAP P74A1

蒲生氏郷の
生誕地として
有名な

日野城跡
→ P101

織田信澄が築城。
京極高次も
入城した

大溝城跡
→ P145

［近江 琵琶湖 若狭］
湖東・湖北

個性の違う旧城下町と近江商人の町あるき。
観音の里や、紅葉の古寺には心を癒される

近江高島　米原
琵琶湖
彦根
近江八幡 ★
大津　草津

11

近江八幡

・おうみはちまん・

● 歩く時間 >>> 約1時間40分　　● 歩く距離 >>> 約6.5km

1日コース **START**

近江八幡駅

≫

❶
ヴォーリズ
記念館

≫

❷
かわら
ミュージアム

≫

❸
日牟禮
八幡宮

≫

JR 琵琶湖線

徒歩40分

徒歩5分

（所要30分）

徒歩5分

（所要30分）

徒歩5分

（所要20分）

徒歩5分

200m >
100m >
高低差 0m >

近江八幡駅

距離 > 1km　　　> 2km

❶

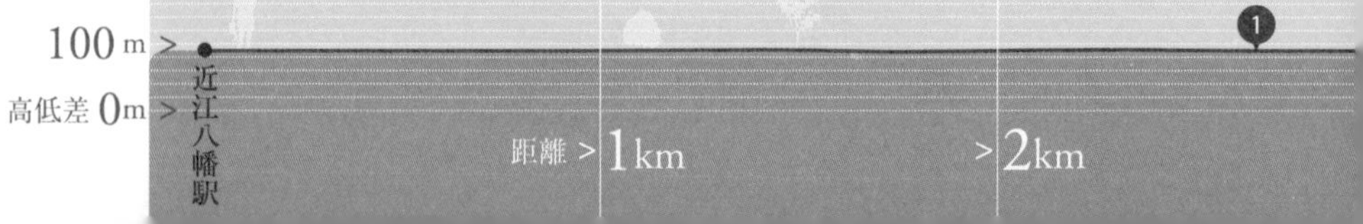

近江八幡を代表する八幡堀と
白壁の建物群

八幡の町は水運に恵まれ、東海道や中山道に近く、地の利を活かして江戸時代には多くの近江商人（八幡商人）を生み育てた。その基盤を造った豊臣秀次が開いた運河と城下町の形は今も残る。小幡町通りから小路へ入ると、趣のある商家や民家が軒を連ねる。なかでも目を引くのは、明治末にキリスト教伝道師として来日したヴォーリズが設計建築した洋館だ。次に秀次の町づくりの一つ、八幡堀へ向かう。石段を下りて石畳の散策路を歩くと、白壁の屋敷群が迎えてくれ、いつの間にか当時の堀端に佇んでいる気分にさせられる。新町通りでは他に先駆けて活躍した八幡商人たちの旧邸宅を訪ね、町並みに溶け込むヴォーリズ設計建築の洋館通りへと進む。水郷で知られるこの町は、過去と現代を融合させて独特の景観を造り出し、何度でも散策したい魅力に満ちている。

おさんぽアドバイス

駅前から少し距離があるが、歩道のマンホールの蓋やプランターなどに町の特質が表れていて楽しく散策できる。小幡上筋バス停まで近江鉄道バスを利用してもよい。古い町並みが残る中心部には町名とその歴史を記す解説板が各所にあり、わかりやすい。

近江八幡

● おすすめ季節 >>> 春 (4~5月)

④		⑤		⑥		⑦		GOAL
八幡堀		旧西川家住宅		郷土資料館		池田町洋風住宅街		近江八幡駅
	徒歩2分		徒歩1分		徒歩5分		徒歩30分	JR 琵琶湖線
（所要20分）		（所要20分）		（所要30分）		（所要5分）		

近江八幡
広域図は P167へ
N 0 100m
1:16,000

A　B　C

白雲館（はくうんかん）
明治10年(1877)に建築された旧八幡東学校を復元。1階は観光案内所、2階はギャラリーとして利用されている。

北之庄町
近江八幡水郷めぐり P77
北之庄神社　豊年橋和船乗り場
豊年橋和船乗り場口
西照寺

近江八幡市

① ▲鶴翼山（八幡山）　八幡山城跡
瑞龍寺　多賀町
舊縁寺　妙法寺
八幡城址駅　八幡山ロープウェイ
宮内町　八幡公園
東照寺
公園前駅　③ 日牟禮八幡宮
シキボウ
日牟禮ヴィレッジ
② かわらミュージアム
ヴォーリズ学園高
④ 八幡堀　和た与 P76
日牟禮八幡山ロープウェイ
ここまで 4km　ここまで 3km
① ヴォーリズ記念館
西庄町
⑤ 旧西川家住宅
連照寺　貫輪寺　⑪ 浜ぐら P76
玉木　正福寺
佛光寺別院
洞覚院
② 朝鮮人街道道標
街並・水郷美術館
旧伴家住宅
アンドリュース記念館
⑥ 郷土資料館
八幡中
□ 酒游舘 P76
市井町
北元町
善住寺
西元町　正傳寺　正傳寺　八幡町
本願寺八幡別院
小幡上筋
願成就寺　小幡上筋
宇津呂町　東福寺
八幡小
ここまで 2km　八幡商高
ここまで 5km
徳法寺
真成寺
⑦ 池田町洋風住宅街
太光寺　中村
中村町　東漸禅寺
旅庵町　出町

旧八幡郵便局（きゅうはちまんゆうびんきょく）
大正期のヴォーリズ建築。現在はNPO法人ヴォーリズ建築保存再生運動「一粒の会」事務所として使用。見学可能。

東日牟神社
正宗禅寺
桜宮町
S アル・プラザ
京都新聞社　出町

歴史民俗資料館（れきしみんぞくしりょうかん）
近江商人・森五郎兵衞の控宅。江戸後期〜昭和初期の生活様式が見られる。裏庭にはイベント広場や喫茶・軽食の店がある。

中村町
近江八幡局
ここまで 1km
近江八幡市役所
鷹飼町北（四）

土田町
近江八幡署
ここまで 6km
鷹飼町
ニューオウミ

市立総合医療センター
桐原東小
八木町
八幡高
八幡山
日吉神社
スタート　近江八幡駅
ゴール
近江鉄道 八日市線
小船木町
堀上町
白鳥川橋
白鳥町
マルゼン SUNMUSIC
守山駅へ
琵琶湖線（東海道本線）
東海道本線
万葉湖紡　S イオン　S ケーズデンキ
S イオン
小小母町

❶ ヴォーリズ記念館

ゔぉーりずきねんかん

ヴォーリズの精神が息づく邸

明治38年(1905)、キリスト教の伝道のため来日し英語教師として、また建築や医療、教育などの分野で活躍したウィリアム・メレル・ヴォーリズが夫人と暮らした住居。木造2階建ての邸内は機能的で、愛用のピアノ、書籍、家具などの遺品や資料が展示されている。

入口は風合いのあるレンガの門

☎0748-32-2456　⊕近江八幡市慈恩寺町元11　🅟400円　🕐10:00〜16:00(要電話予約)　🅧月曜、祝日、12月15日〜1月15日、不定休あり　MAP P74B2

上)木造の外壁に赤い瓦屋根が映える洋館　右)ヴォーリズの建築様式の特徴を今に残す煙突

周囲の景観と調和する瓦屋根に白壁の蔵風の建物が立つ

❷ かわらミュージアム

かわらみゅーじあむ

八幡瓦の魅力を知り尽くす

国内でも珍しい瓦専門の展示館。江戸時代からの地場産業である八幡瓦を中心に、その歴史や製作技法などを紹介する。また、日本各地や世界の瓦も展示されている。敷地内には体験工房があり、かわら粘土を使ってオリジナル作品を作ることもできる。

瓦を焼いた「だるま窯」

☎0748-33-8567　⊕近江八幡市多賀町738-2　🅟300円　🕐9:00〜16:30　🅧月曜(祝日の場合は開館)、祝日の翌日※5・6・10・11月は無休　MAP P74B2

🔖 歴史を学ぶ

近江八幡発展の基礎を築いた豊臣秀次

豊臣秀吉の姉とともての基盤を築く。子。秀吉の関白宣下後、18歳の若さで近江43万石の領主となる。八幡山城を築いて城下町を造成し、楽市楽座を施行して商人たちを招集するな

ど、商業都市としての基盤を築く。関白にまで出世するが、秀吉に秀頼が誕生したあと、謀反の嫌疑をかけられて悲運の最期を遂げる。八幡山築城から10年後の

八幡公園内に立つ豊臣秀次像

❸ 日牟禮八幡宮
ひむれはちまんぐう

近江商人の守護神社

旧八幡町の総社で1000年以上の歴史をもつ。古くから近江商人の信仰を集め、江戸時代に安南(ベトナム)貿易で活躍した西村太郎右衛門が奉納した絵馬などの社宝がある。八幡祭と左義長祭の二大火祭りも有名。

猿の彫刻があり、くぐると災難が去るという楼門

☎0748-32-3151　🅷近江八幡市宮内町257
🕙境内自由　MAP P74A2

湖国に春を告げる 左義長祭

3月中旬に、2日間にわたり行われる火祭り。十数基の左義長(山車)の市内巡行や「けんか」と呼ばれるぶつかり合いは勇壮だ。左義長に点火されてクライマックスを迎える。

水鳥が遊び木々の陰を水面に映す、豊臣秀次ゆかりの堀

舟で八幡堀めぐりが楽しめる

❹ 八幡堀
はちまんぼり

近江八幡を代表する景観

約400年前に豊臣秀次が居城の八幡山城の防御と、琵琶湖を往来する荷船を寄港させるために設けた運河。町づくりや近江商人の発展に多大な貢献を果たした。堀沿いには白壁土蔵の旧家が並び、春には桜や花ショウブが水辺を彩る。

☎0748-33-6061(近江八幡駅北口観光案内所)　🅷近江八幡市宮内町周辺　🕙散策自由　MAP P74A2

おさんぽの途中に! 立ち寄りグルメ＆ショップ

🍴 浜ぐら
はまぐら

八幡堀の畔に立つ食事処

近江牛の老舗・カネ吉山本がプロデュースする店で、肉のうまさには定評。おすすめは近江牛赤の他人丼1600円。柔らかく煮た牛肉に赤コンニャクや温泉玉子をトッピング。

☎0748-32-5533　🅷近江八幡市大杉町24　🕙11:00〜15:00LO(夜は要予約)　🅟水曜(火曜臨時休あり)　MAP P74B2

☕ 酒游舘
しゅゆうかん

老舗蔵元のサロンでひと休み

享保2年(1717)創業の西勝酒造が蔵を改装して開いたサロン＆ギャラリー。コーヒーとハーブのパウンドケーキセット780円。きき酒セット1700円。郷土料理のランチも人気。

☎0748-32-2054　🅷近江八幡市仲屋町中7　🕙10:30〜17:00　🅟火曜　MAP P74B2

🛍 和た与
わたよ

でっち羊羹発祥の和菓子店

でっち羊羹は、商家に奉公した丁稚が数入りのときのみやげとしたことから名付けられたという。竹の皮に包んで蒸したでっち羊羹324円は、控えめな甘さが身上。

☎0748-32-2610　🅷近江八幡市玉木町2-3　🕙9:00〜18:00　🅟火曜　MAP P74A2

❺ 旧西川家住宅
きゅうにしかわけじゅうたく

江戸時代の典型的な豪商宅

「大文字屋」の屋号で蚊帳や畳表を商った豪商・西川利右衛門の旧宅。現存する家屋は3代目により建築された。店の部分と居住部分に分かれた京風2階建てに、突き出した座敷玄関をもつ。重文に指定されている。

☎0748-32-7048 　🏠近江八幡市新町2-22
💰市立資料館3施設共通500円 　🕐9:00〜16:30
📅月曜(祝日の場合は開館)、祝日の翌日※5・6・10・11月は無休 　MAP P74A2

質素倹約を旨とした、シンプルだが重厚な豪商の佇まい

資料館は豪商の西村太郎右衛門の屋敷跡に立つ

❻ 郷土資料館
きょうどしりょうかん

旧八幡警察署庁舎が資料館に

ヴォーリズ建築事務所が昭和28年に改築したビルを利用。館内には考古・民俗・美術工芸品などが展示されている。郷土資料館・歴史民俗資料館・旧西川家住宅の3軒の建物を近江八幡市立資料館といい、共通入場券で見学できる。

☎0748-32-7048 　🏠近江八幡市新町2-22 　💰市立資料館3施設共通500円 　🕐9:00〜16:30 　📅月曜(祝日の場合は開館)、祝日の翌日※5・6・10・11月は無休 　MAP P74A2

❼ 池田町洋風住宅街
いけだまちようふうじゅうたくがい

レンガ塀と洋館の独特の景観

赤レンガ塀に囲まれた洋館が立ち並ぶ。大正時代に、ヴォーリズが近江八幡で最初に設計したコロニアル・スタイルと呼ばれるアメリカ式のモデルハウス。今も個人住宅として使用されており、外観のみが見学できる。

☎0748-33-6061(近江八幡駅北口観光案内所)
🏠近江八幡市池田町周辺 　MAP P74A2

赤レンガの煙突が目を引くダブルハウス

ウォーターハウス記念館は春と秋に特別公開あり

観光クローズアップ

◎ 近江八幡水郷めぐり
おうみはちまんすいごうめぐり

琵琶湖八景の一つを舟で遊覧

重要文化的景観に選ばれた西の湖一帯に広がる水郷を舟で遊覧する。もとは豊臣秀次が宮中の舟遊びをまねて始めたといわれる。四季の移ろいが織りなす湖のパノラマが、癒しの世界へと誘ってくれる。

☎0748-32-2564(近江八幡和船観光協同組合)
🏠近江八幡市北之庄町880 　💰乗合船2200円
🕐📅乗合船は4〜11月の毎日、10時〜、15時〜の2回運航 　MAP P74B1

左)菜の花が咲く水辺を行く　右上)水郷の周囲にはヨシ原が広がる　右下)水郷めぐりの乗り場

近江八幡

コース **12**

近江高島　琵琶湖　米原
彦根
安土 ★
近江八幡
草津
大津

［湖東・湖北］

安　土

あづち

● 歩く時間 >>> 約**2**時間**45**分　　● 歩く距離 >>> 約**10**km

[1日コース] **START**

安土駅

JR
琵琶湖線

徒歩40分

❶ 安土城跡
（天主跡）

（所要30分）

徒歩35分

❷ 滋賀県立安土城
考古博物館

（所要60分）

徒歩5分

❸ 安土城天主
信長の館

（所要40分）

徒歩15分

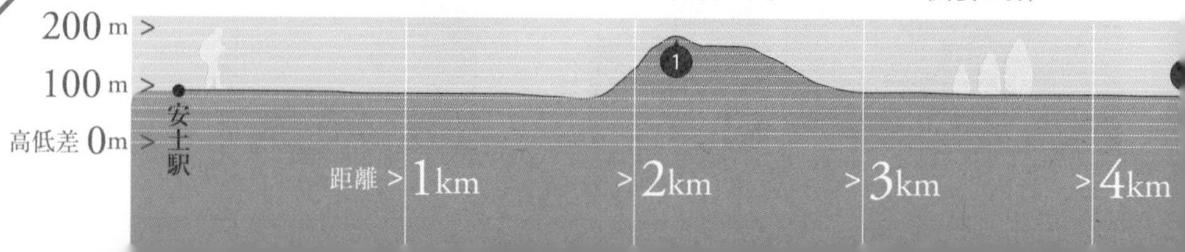

200m
100m
高低差0m
安土駅

距離 > 1km　> 2km　> 3km　> 4km

信長が築いた天主の跡に立つ

天下統一を目指した

安土城跡より、かつて信長も見た
琵琶湖を眺める

戦国時代に天下統一の中心となった安土は、時代の覇者織田信長が造った城下町としての面影を残す。築城後わずか3年で、信長の死とともに焼亡した安土城跡は、平成元年から20年の歳月をかけて行われた調査整備事業が完了。安土山の山頂に聳えていた天主へと続く大手道をはじめ、城郭遺跡が発掘整備されて幻の名城の一端がうかがえる。セミナリヨ跡伝承地から文芸の郷へはのどかな田園風景が続いている。古代から近世の歴史を学べる博物館や古墳などが点在する文化ゾーンだ。安土はまた、古代豪族・狭狭城山君が勢力をもち、信長に滅ぼされた近江源氏・佐々木六角氏の本拠地でもあった。安土駅南側に足を進め、近江源氏佐々木氏発祥の神社や信長ゆかりの浄厳院を巡ると、天下人にあと一歩だった信長の思いが伝わってくるようだ。

おさんぽアドバイス

全体的にコースは平坦だが、安土城跡や瓢箪山古墳など高低差のあるハードな散策ポイントも含まれているので、歩きやすい服装と靴を選びたい。JR安土駅の北と南へは線路をまたぐ自由通路で行き来できる。

安土

●おすすめ季節 >>> 春🌸 秋🍁

④	⑤	⑥	⑦	GOAL
瓢箪山古墳	安土城郭資料館	沙沙貴神社	浄厳院	安土駅
				JR 琵琶湖線
徒歩30分	徒歩12分	徒歩12分	徒歩15分	
(所要5分)	(所要20分)	(所要15分)	(所要15分)	

> 5km > 6km > 7km > 8km > 9km 安土駅

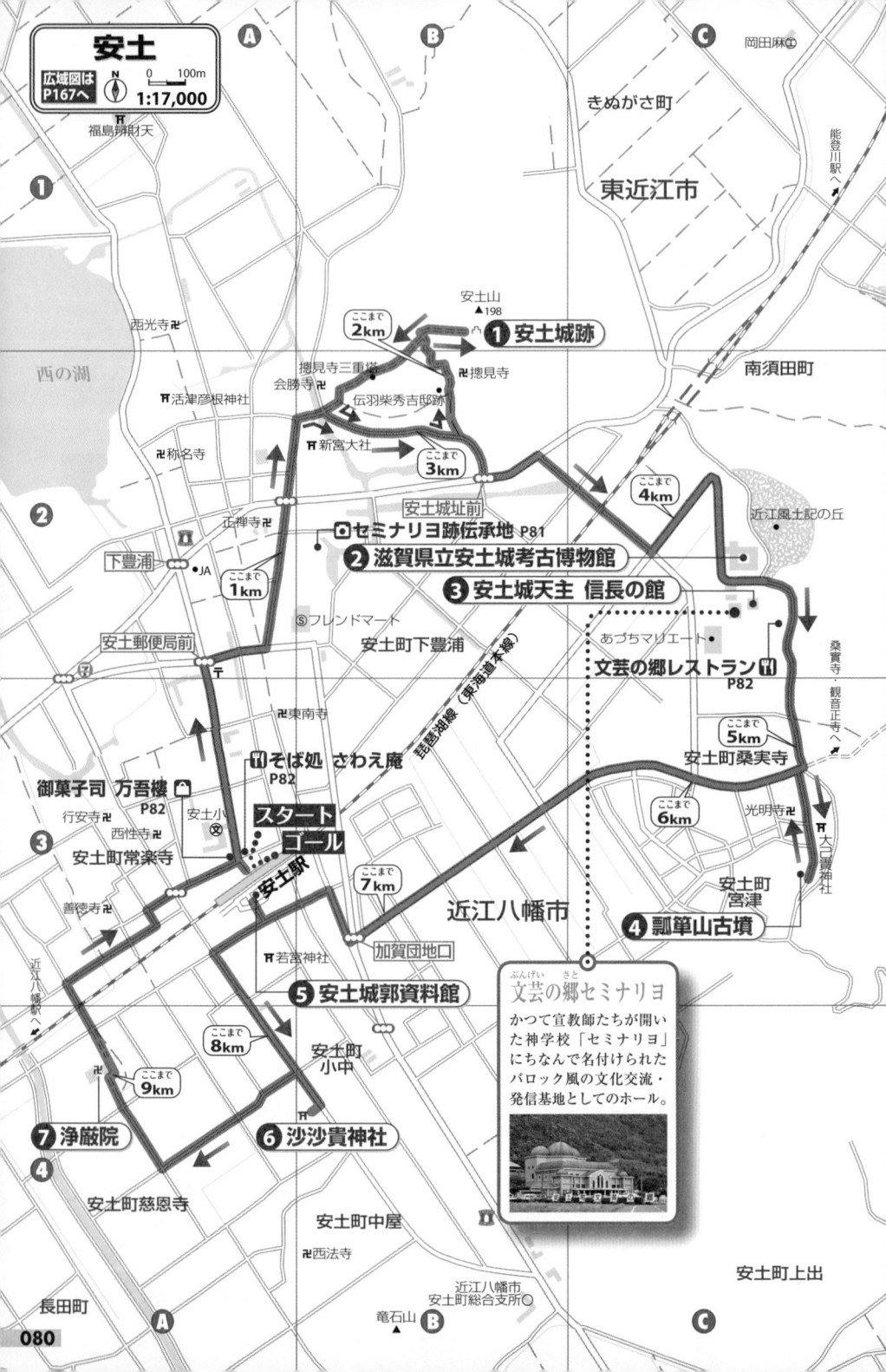

安土

広域図は P167へ

0　　100m
N
1:17,000

福島弁財天

西の湖

西光寺

安土山 ▲198

① 安土城跡

ここまで 2km

摠見寺三重塔
会勝寺

摠見寺

活津彦根神社

伝羽柴秀吉邸跡

称名寺

新宮大社

ここまで 3km

正徳寺

ここまで 4km

近江風土記の丘

東近江市

きぬがさ町

岡田麻◯

能登川駅

南須田町

セミナリヨ跡伝承地 P81

② 滋賀県立安土城考古博物館

③ 安土城天主 信長の館

あづちマリエート

文芸の郷レストラン P82

安土城址前

下豊浦

JA

ここまで 1km

安土郵便局前

フレンドマート

安土町下豊浦

桑實寺・観音正寺へ

ここまで 5km

安土町桑實寺

東南寺

琵琶湖線（東海道本線）

そば処 さわえ庵 P82

御菓子司 万吾樓 P82

行安寺
西性寺

安土小

③ 安土町常楽寺

善徳寺

スタート ゴール

安土駅

ここまで 7km

光明寺

ここまで 6km

安土町宮津

大口貴神社

近江八幡市

④ 瓢箪山古墳

若宮神社

加賀団地口

⑤ 安土城郭資料館

安土町 小中

ここまで 8km

近江八幡駅へ

ここまで 9km

⑦ 浄厳院

⑥ 沙沙貴神社

安土町慈恩寺

安土町中屋

西法寺

近江八幡市 安土町総合支所

竜石山

安土町上出

長田町

A　　B　　C

文芸の郷セミナリヨ

かつて宣教師たちが開いた神学校「セミナリヨ」にちなんで名付けられたバロック風の文化交流・発信基地としてのホール。

❶ 安土城跡
あづちじょうあと

天下統一を目指した信長の居城跡

織田信長が天下布武の象徴として標高199mの安土山一帯に築き、わずか3年後の天正10年(1582)、信長が自刃した本能寺の変後に焼失した名城跡。大手道の石段や巨石を使った野面積みの石垣、家臣の屋敷跡、信長公御廟、天主跡の礎石などみどころが豊富。

上)城の入口・大手口から本丸に向かって一直線に延びる大手道　右)今に礎石が残る天主跡

城跡より田園風景を望む

☎0748-46-4234(安土駅観光案内所)
🏠近江八幡市安土町下豊浦　🎫700円
🕐9:00〜16:00(季節により変動)　🈳無休
MAP P80B1

安土城跡や織田信長についての研究成果を分かりやすく紹介

❷ 滋賀県立安土城考古博物館
しがけんりつあづちじょうこうこはくぶつかん

古の安土と幻の名城を学ぶ

歴史公園「近江風土記の丘」の一角に立つ、城郭と考古をテーマにした博物館。瓢箪山古墳の復元模型、安土城跡発掘調査の成果や織田信長関連資料を展示。外観は中世ヨーロッパのロマネスク風建築で安土城の天主をイメージしてデザインされた。

望楼が印象的な建物

☎0748-46-2424
🏠近江八幡市安土町下豊浦6678　🎫500円(特別展・企画展は別途)　🕐9:00〜17:00
🈳月曜(祝日の場合は翌日)　MAP P80C2

豆知識

セミナリヨ跡伝承地
せみなりよあとでんしょうち

信長が庇護した日本初のキリシタン神学校

天正9年(1581)、織田信長の許しを得て、イタリア人宣教師オルガンチノが創建したキリシタン神学校の跡。セミナリヨは3階建てで、1階は茶室のある座敷、2階に神父の居室、3階に教室と生徒の寮があった。キリスト教理やラテン語古典、西洋音楽などを教えたが、日本人生徒は優秀だったという。安土城炎上の際に焼失した。見学自由。　MAP P80B2

跡地は公園として整備

歴史を学ぶ

安土城から天下布武を号令した織田信長

天下布武を掲げて戦国時代を駆け抜けた信長。天下統一を目前にした信長は、本拠地だった美濃・尾張と京都との中間に位置し水路も活用できる安土に拠点を移し、安土城を築城。城下では楽市楽座を推進し商業を発展させ、キリシタン神学校を設立するなど、これまでの武将にはない革新的な政策をとるが、明智光秀の謀反にあい、本能寺で自刃した。

あづち信長まつり（→P158）

内藤昌考元◎
近江八幡市城

❸ 安土城天主 信長の館
あづちじょうてんしゅ のぶながのやかた

信長の思想が反映された天主

日本初の本格的天守といわれる安土城天主の最上部5、6階部分を原寸大で復元。金箔10万枚を使用した外壁や金の鯱をのせた大屋根、狩野永徳に描かせた室内の金碧障壁画など、絢爛な安土城が蘇る。築城当時の城や城下町をCGで再現した映像も楽しめる。

上）黄金の安土城天主最上部　下）家康接待の「安土御献立」レプリカも展示

☎0748-46-6512　🏠近江八幡市安土町桑実寺800　💴610円　🕐9:00～17:00　休月曜（祝日の場合は翌日）　MAP P80C2

おさんぽの途中に!

立ち寄りグルメ＆ショップ

🥢 そば処 さわえ庵
そばどころ さわえあん

栽培から手がけた竜王そば

サラリーマンが遊び心で始め、今や名物になった「竜王そば」の店。おすすめはコクのある肉たっぷりの近江牛肉そば（温・冷とも）1400円。餅入りの信長そば1600円。

☎0748-46-5570　🏠近江八幡市安土町上豊浦1334-1　🕐11:00～17:00（水曜は～14:00）　休月曜（祝日の場合は翌日）　MAP P80A3

🍴 文芸の郷レストラン
ぶんげいのさとれすとらん

高天井が心地よい食事処

地元の特産・近江大中牛を使った信長ハンバーグ定食1300円など、信長にちなんだメニューが多い。定食に付くかちどき汁は戦国時代にも食した打ち豆が入り、大豆の風味豊か。

☎0748-46-6555　🏠近江八幡市安土町桑実寺800　🕐11:00～14:00　休月曜（祝日の場合は翌日）　MAP P80C2

🍡 御菓子司 万吾樓
おんかしし まんごろう

信長ゆかりの銘菓たち

安土名物「まけずの鍔」は信長愛刀の鉄鍔をモチーフにした最中で、大納言小豆と大手亡の2種の餡が入っている。6個入り1280円～。ほかに「信長セット」「戦国天下餅」など。

☎0748-46-2039　🏠近江八幡市安土町常楽寺420　🕐8:30～18:30　休火曜　MAP P80A3

説明板横の階段から古墳へ上ることができる

④ 瓢箪山古墳
ひょうたんやまこふん

県下最大の前方後円墳

繖山の麓に位置する4世紀中ごろの前方後円墳で、国の史跡に指定される。後円部に3つの竪穴式石室、前方部に2つの箱形石棺があり、副葬品として碧玉製品や青銅鏡、銅鏃や鉄製の武器、農工具などが出土した。被葬者は古代の豪族、狭狭城山君と考えられている。

☎0748-46-4234（安土駅観光案内所）
近江八幡市安土町宮津　見学自由　MAP P80C3

⑤ 安土城郭資料館
あづちじょうかくしりょうかん

20分の1での安土城

内藤昌復元◎

20分の1のスケールで、内部まで精巧に復元された安土城の模型は必見。ほかに、天正少年使節がローマまで歩んだ行程を表した安土城屏風絵風陶板壁画などが展示されている。喫茶コーナーもある。

安土城の20分の1復元模型

☎0748-46-5616
近江八幡市安土町小中700　200円
9:00～16:30
月曜（祝日の場合は翌日）　MAP P80A3

建物外観は城郭風にデザインされている

⑥ 沙沙貴神社
ささきじんじゃ

花に彩られた近江源氏ゆかりの古社

少彦名神を主祭神とする宇多源氏、近江源氏佐々木氏の氏神社。茅葺屋根の楼門や本殿、東西回廊など8棟の県指定重要文化財が並ぶ。また、初詣時にロウバイ、初夏にはナンジャモンジャの花が咲く、近江百華苑でも知られる。

主に丸亀藩京極家の寄進により、平安・鎌倉の様式で江戸時代に再建された社殿

☎0748-46-3564　近江八幡市安土町常楽寺1
境内自由　MAP P80B4

☎0748-46-5435　近江八幡市安土町慈恩寺744
境内自由（本堂拝観は500円、要予約）
MAP P80A4

田園風景の中で際立つ入母屋造の楼門
宗論勝利時に唱えた「かちどき念仏」を今に伝える本堂

⑦ 浄厳院
じょうごんいん

朱色の楼門が映える安土問答の寺

信長が安土城築城の際、伊賀と近江の浄土宗総本山として再興した。天正7年（1579）、信長の命により浄土宗と法華宗との間で行われた「安土宗論」の場として名高い。本堂、楼門を含む7つの重要文化財を所有する。

安土

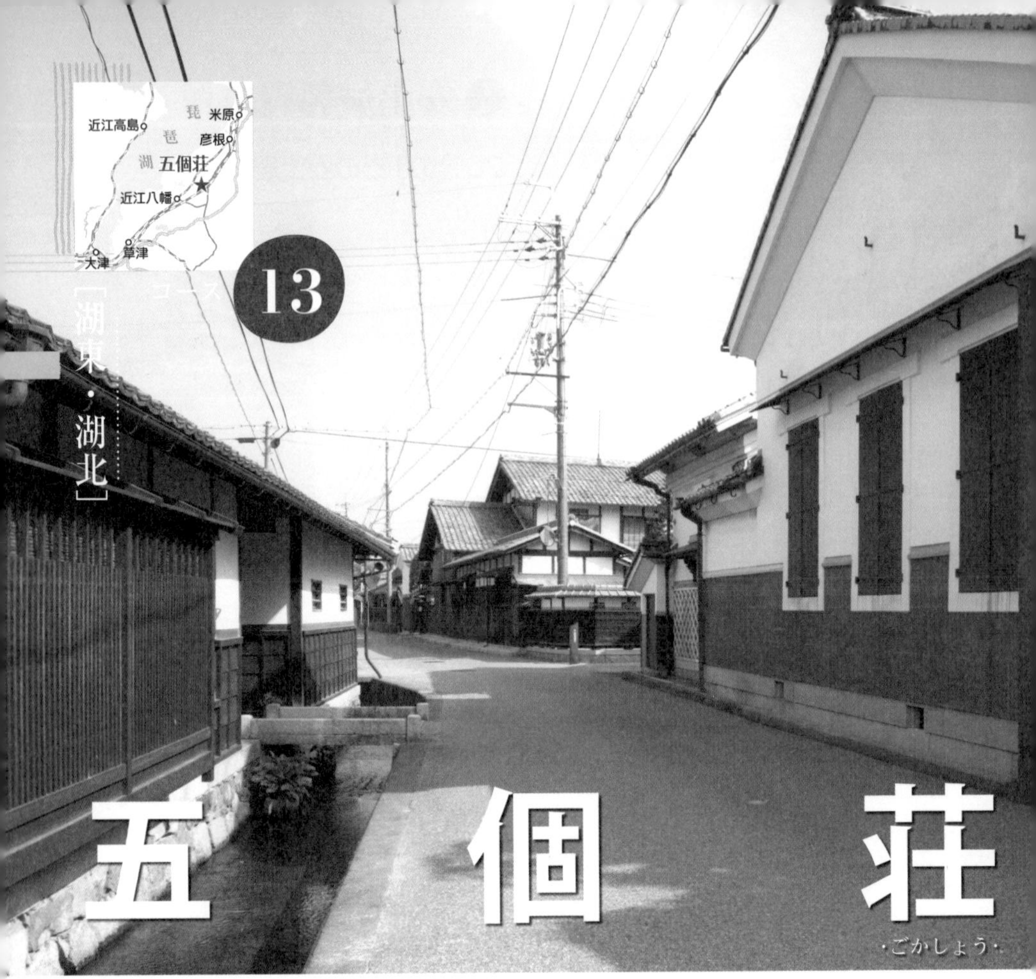

五個荘
·ごかしょう·

● 歩く時間 >>>約1時間40分　　● 歩く距離 >>>約6.6km

1日
コース
START

石馬寺バス停

❶
石馬寺

❷
中江準五郎
邸

❸
外村繁邸

JR琵琶湖線
能登川駅から
近江鉄道バス
八日市駅行きで
6分

徒歩
15分

徒歩
30分

徒歩
2分

徒歩
4分

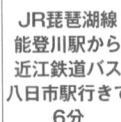

（所要45分）　　（所要20分）　　（所要20分）

200m >
❶

100m >
バス停
石馬寺

高低差 0m >

距離 > 1km　　> 2km

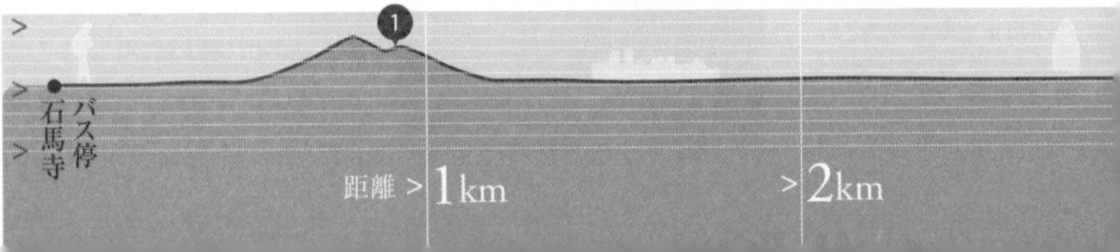

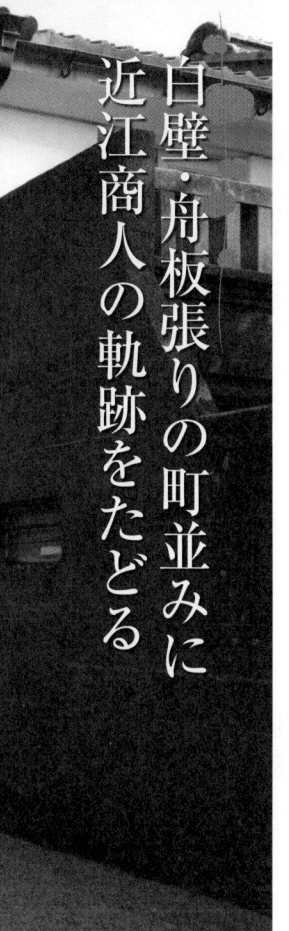

白壁・舟板張りの町並みに近江商人の軌跡をたどる

五箇荘駅前にある
「小幡商人発祥地」の石碑

てんびんの里と親しまれる五個荘は、湖東平野のほぼ中央に位置する。旧中山道に沿い流通に便利で、江戸後期から昭和初期にかけ時流に乗った豪商を多く輩出した、近江商人発祥地の一つ。まずは、聖徳太子伝説に彩られた石馬寺へ。繖山の中腹にあり、古道「かんのん坂」の石段参道を上る。境内には300年の歴史をもつ大方丈などがあり、多数の重文の仏像を所蔵する。近江商人屋敷が軒を連ねる金堂地区へは、古代の条里制を今に残す田園地帯を進む。「寺前・鯉通り」には、白壁、舟板壁の邸宅や茅葺屋根の家、寺院が立ち並び、通りには水路が引かれ錦鯉が泳ぐ。近江商人屋敷を訪ね、建築の意匠や生活様式を見学したあとは、町に点在する映画やドラマのロケ地を散策するのも楽しみ。近江商人の軌跡や書の文化を学べる博物館も巡り、近江鉄道五箇荘駅へ。

おさんぽアドバイス

石馬寺の石段参道はハードですべりやすく、足もとに注意が必要だ。金堂地区を歩いていると、地域の人たちが「こんにちは」と挨拶をしてくれる。旅人への心遣いにも、三方よしの近江商人の精神が息づいている。

五個荘

● おすすめ季節　>>> 春 🌸　秋 🍁

❹
弘誓寺

（所要15分）

徒歩10分

❺
近江商人博物館・中路融人記念館

（所要40分）

徒歩13分

❻
藤井彦四郎邸

（所要20分）

徒歩7分

❼
観峰館

（所要60分）

徒歩12分

GOAL
五箇荘駅

近江鉄道
本線

❷ ❸ ❹　　　❺　　　❻　　　❼

五箇荘駅

m　　　>4km　　　>5km　　　>6km

❶ 石馬寺
いしばじ

聖徳太子ゆかりの「馬の寺」

聖徳太子が建立した古刹。寺名は太子が繖山に登っている間に、松につないでおいた馬が傍らの池に沈み、石になったとの伝説に由来する。寺宝に平安時代の十一面観音像(→P9)など多くの重文仏像がある。紅葉の名所。

☎0748-48-4823　🅟東近江市五個荘石馬寺町823
🅿500円　⏰9:00〜16:00　🈺月曜(10名以上応相談)
📍P86A1

春は新緑、秋は紅葉に包まれる役行者ゆかりの不動堂(旧行者堂)

五個荘

広域図はP168へ
N　0　100m
1:18,000

スタート

❶ 石馬寺

① 五個荘石馬寺町
ここまで1km

石馬寺

五個荘七里町

金堂まちなみ保存交流館
こんどう　ほぞんこうりゅうかん

中江四兄弟の三男・富十郎の邸宅を利用した交流施設。随時企画展を開催したり、コーヒーやかりんとうなどの物産販売も。

宮荘町

行願寺
五箇神社

きぬがさ山トンネル

繖公園

❻ 藤井彦四郎邸

東近江市

ここまで2km

② 中江準五郎邸

❸ 外村繁邸

ここまで5km

勝徳寺

五個荘金堂町

金堂

湖東物流

浄栄寺

安福寺

ここまで4km

大城神社
五個荘小

童田神社

五個荘竜田町

④ 弘誓寺

ここまで3km

肥田電器

てんびんの里
文化学習センター

東近江市ぷらざ三方よし

❷

塚本

🅟P88
🏠 五個荘観光センター

五個荘
塚本町

八幡神社

五個荘石川町

❼ 観峰館

五個荘川並町

福應寺

🍴納屋孫 P88

⑧

北町屋

❺ 近江商人博物館・中路融人記念館

五個荘北町屋町

結神社

❸

安土町
石寺

乾徳寺

五個荘南

フレンドマート

旭食品

恵和商工

五個荘石塚町

五個荘山本町

東海道新幹線

五個荘新堂

近江八幡市

京都駅へ

A　B　C

086

豪商の往時が偲ばれる池泉回遊式庭園

② 中江準五郎邸
なかえじゅんごろうてい

百貨店王の大邸宅

戦前、「百貨店王」と呼ばれた中江四兄弟の末弟・準五郎の本宅。2階建ての切妻瓦葺で2棟の蔵があり、池泉回遊式の庭も見事。蔵には郷土玩具小幡人形と全国の土人形を多数展示。

☎0748-48-3399　ⓐ東近江市五個荘金堂町643　ⓔ600円（外村繁邸・外村宇兵衛邸・中江準五郎邸の3館共通）※外村宇兵衛邸は2020年秋から休館、料金は要問合せ　ⓗ10:00〜16:30
ⓦ月曜（祝日の場合は翌日）、祝日の翌日　MAPP86B2

「小幡でこ」と親しまれる人形

③ 外村繁邸
とのむらしげるてい

小説家・外村繁の生家

豪商・外村宇兵衛の分家。小説家・外村繁は明治35年（1902）ここに生まれ、近江商人を題材にした小説など数多くの作品を残した。

☎0748-48-5676　ⓐ東近江市五個荘金堂町631　ⓔ600円（外村繁邸・外村宇兵衛邸・中江準五郎邸の3館共通）※外村宇兵衛邸は2020年秋から休館、料金は要問合せ　ⓗ10:00〜16:30
ⓦ月曜（祝日の場合は翌日）、祝日の翌日　MAPP86B2

「外村繁文学館」として作品を紹介

④ 弘誓寺
ぐぜいじ

金堂地区の中核を成す寺院

寺前・鯉通りにある真宗大谷派の寺院。那須与一の孫、愚咄坊の開基と伝わる。宝暦14年（1764）に完成した本堂の主要部分は重要文化財。大屋根の様相は御坊格寺院の本堂に匹敵する。表門の瓦には那須与一に由来する扇の紋が入る。

表門は入母屋造、本瓦葺の薬医門

町並みのなかで目を引く本堂

☎0748-48-2747
ⓐ東近江市五個荘金堂町615　ⓔ境内自由　MAPP86B2

五個荘

（地図）
愛知川駅へ
五個荘簗瀬町
工織物　齢仙寺　簗瀬
五箇荘北公園　①
五個荘中町
五個荘五位田町
ジョーシン　五個荘小幡町
日電線　宮荘
ゴール
ここまで6km
正眼寺　五箇荘駅
茶ろん坪六　P88
東近江市役所支所
五個荘中　シャディ　②
五個荘中央公園
近江鉄道湖東近江路線
五個荘三俣町　五個荘奥町
五個荘木流町　③
八日市駅へ

豆知識

五個荘金堂の町並み
ごかしょうこんどうのまちなみ

**のどかな雰囲気で
安らげる近江商人の里**

江戸後期から昭和初期にかけて活躍した各時代の近江商人が築いたのが、金堂の町並み。意匠の優れた商人本宅が立ち並び、屋敷の周囲には鯉が優雅に泳ぐ水路が巡らされ、当時の生活風景を偲ぶことができる。平成10年に国の重要伝統的建造物群保存地区に、平成27年には日本遺産「琵琶湖とその水辺景観―祈りと暮らしの水遺産」の一つに認定された。

水路沿いに並ぶ商人屋敷

❺ 近江商人博物館・中路融人記念館
おうみしょうにんはくぶつかん・なかじゆうじんきねんかん

近江商人の歴史と文化を知る

近江商人の商法や教育、家訓から芸術までを映像や模型を使ってわかりやすく紹介。併設の中路融人記念館では、湖国の原風景を長年にわたり描き続けた日本画家・中路融人の作品を展示している。

上)「三方よし」の理念と近江商人の魅力を紹介 下)中路融人記念館

☎0748-48-7101 ⊕東近江市五個荘竜田町583 ⊕300円 ⊕9:30〜17:00 ⊕月曜(祝日の場合は翌日)、祝日の翌日 MAP P86C2

おさんぽの途中に! 立ち寄りグルメ&ショップ

🍴 納屋孫
なやまご

老舗の湖国料理を堪能

自慢の鯉の筒煮が味わえる湖国会席3870円〜(2日前までに要予約)がおすすめ。甘辛く煮た鯉は臭みもなく美味。200年余受継がれた特製タレを使った鰻重ランチ3900円。

☎0748-48-2631 ⊕東近江市五個荘川並町620 ⊕11:00〜15:00、17:00〜21:00 ⊕不定休 MAP P86B2

☕ 茶ろん 坪六
さろん つぼろく

日本茶でほっとひと息

築100余年の古民家を改装した風情たっぷりの日本茶カフェ。苔むした趣ある中庭を眺めながら、お茶と和菓子、抹茶パフェなどの和スイーツでくつろげる。写真は「お抹茶と季節の和菓子セット」935円。

☎0748-48-2067 ⊕東近江市宮荘町141-1 ⊕10:00〜18:00(17:00LO) ⊕営業は木〜日曜(要問合せ) MAP P87D2

🛍 五個荘観光センター
ごかしょうかんこうせんたー

湖国の特産品をみやげに

五個荘散策の拠点。銘菓「てんびん坊や」など五個荘の名産や地酒のほか、でっち羊かん、丁字麩といった近江名物が揃うみやげ&食事処。ランチセット(コーヒー付)800円など食事メニューも充実。

☎0748-48-6212 ⊕東近江市五個荘塚本町273-1 ⊕9:00〜16:30 ⊕不定休 MAP P86B2

⑥ 藤井彦四郎邸
ふじいひこしろうてい

時代を先取りした実業家の豪邸

藤井彦四郎はスキー毛糸の製造などで成功を収めた豪商。広い敷地内には主屋、客殿、洋館、土蔵などが立ち並ぶ。庭園は琵琶湖を模した池を中心に、自らのアイデアで珍石や名木を配置。邸内に復元した帳場や商い道具などを展示する。

☎ 0748-48-2602　🅟 東近江市宮荘町681
🅟 300円　🕐 10:00〜16:30　🅟 月曜（祝日の場合は開館）、祝日の翌日　MAP P86C2

左）客殿の玄関。質素を旨とした本屋とは対照的に客殿は高級調度品で飾られている　右）趣のある庭園の灯籠

総面積約8000㎡の敷地に設けられた雄大な池泉回遊式庭園

⑦ 観峰館
かんぽうかん

"書の文化"にふれる博物館

近代中国の書画をはじめ、江戸〜明治時代の和本・教科書、硯や墨などを展示している。平成27年には新館がオープンし、さまざまな特別展を随時開催。3名以上で予約すれば、石碑の拓本体験もできる。1人800円〜。

☎ 0748-48-4141
🅟 東近江市五個荘竜田町136
🅟 500円
🕐 9:30〜17:00（入館は〜16:00）
🅟 月曜（祝日の場合は翌日）
MAP P86C2

書に関する膨大なコレクションを誇る

歴史を学ぶ

◎ 近代の商業界をリードした近江商人

近江商人は江戸後期から昭和初期にかけて、近江を本拠地に各地で活躍した。特に近江八幡・日野・五個荘から多く輩出。彼らは売り手によし、買い手によし、世間によしの「三方よし」の精神で商売を行った。

天秤棒を担いで全国を渡り歩いた。商売の特徴は、商品を他の地域で商うだけでなく、各地域の産物を仕入れて情報を入手し、よく売れる地域で商う「諸国産物廻し」という手法だった。

旧中山道の入口に立つ近江商人像

五個荘

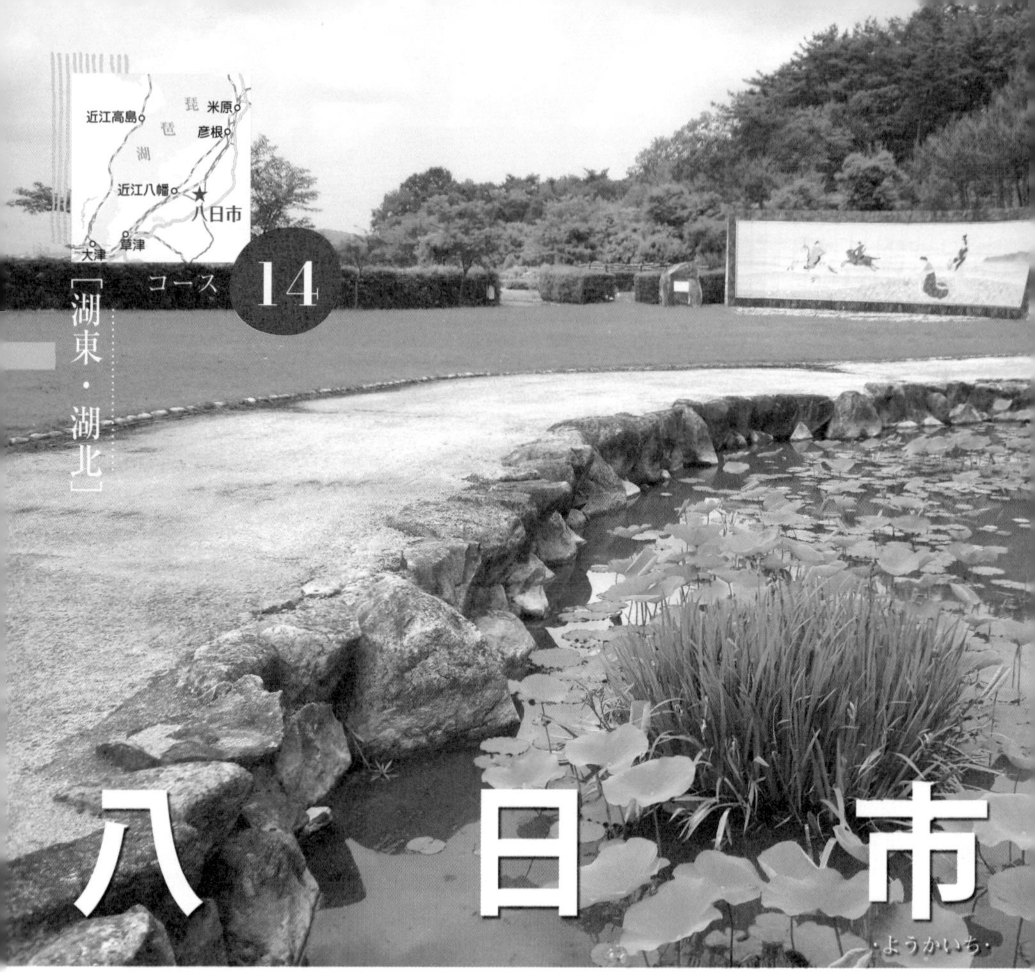

[湖東・湖北]

八日市

・ようかいち・

● 歩く時間 >>>約2時間15分　　● 歩く距離 >>>約8.5km

1日コース　START

市辺駅

近江鉄道
八日市線

≫ 徒歩5分 ≫

❶ 万葉の森 船岡山

(所要20分)

≫ 徒歩25分 ≫

❷ 金柱宮跡

(所要5分)

≫ 徒歩30分 ≫

❸ 太郎坊宮

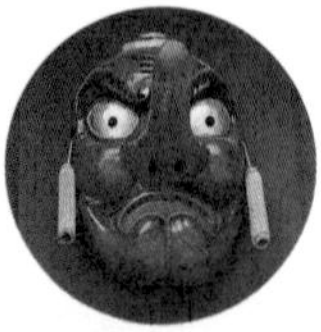

(所要30分)

≫ 徒歩25分 ≫

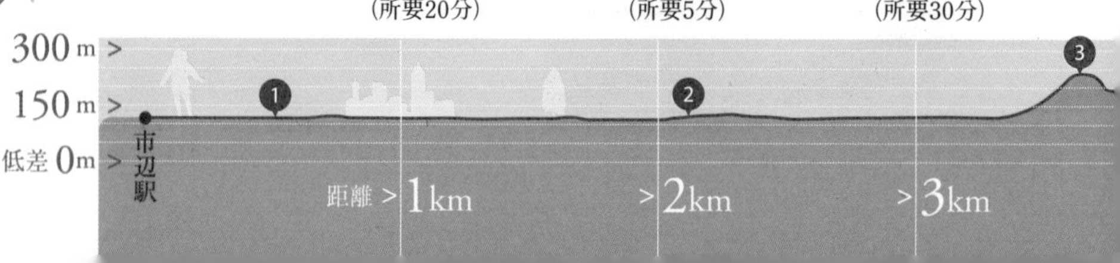

300m >
150m >
高低差 0m >

市辺駅

❶　❷　❸

距離 > 1km　> 2km　> 3km

万葉時代からの美しい自然と長い歴史を訪ねる

円錐形の赤神山中腹に、太郎坊宮の参集殿が見える

東は鈴鹿山脈、西は琵琶湖まで広がる東近江市の中心が八日市。JR琵琶湖線（東海道本線）や東海道新幹線、名神高速道路などが市を通っているため、いずれかの車窓から眺めることはあっても、下車して歩いたことがある人は、少ないかも知れない。だが、歩いて巡ってみると、『万葉集』巻一に掲載された額田王（ぬかたのおおきみ）と大海人皇子（おおあま）の相聞歌の舞台となった蒲生野（がもうの）を体感できる。本コースは万葉の時代、蒲生野の中心だった市辺（いちべ）にある「万葉の森 船岡山」をスタートし、勝運福授のご利益あらたかという太郎坊宮を経て、国の重要無形民俗文化財に選ばれた東近江大凧を紹介する東近江大凧会館へ向かう。締めくくりの市神神社は、聖徳太子によって開かれたと伝わる八日市の市の繁栄を司る神として信仰されてきた。古い歴史と美しい自然、温かい人情にふれる旅が楽しめる。

おさんぽアドバイス

コース中、「万葉の森 船岡山」、太郎坊宮（阿賀神社）、延命公園はアップダウンがあるため、歩きやすい靴で。また飲食店は近江鉄道八日市駅周辺以外は少ないので、時間配分を考えるか、お弁当を持参する必要がある。

八日市

●おすすめ季節 >>> 春 🌸 秋 🍁

④ 松尾神社		⑤ 延命公園		⑥ 世界凧博物館 東近江大凧会館		⑦ 市神神社		GOAL 八日市駅
	徒歩5分		徒歩25分		徒歩12分		徒歩7分	近江鉄道 本線
（所要15分）		（所要10分）		（所要30分）		（所要10分）		

④⑤　　⑥　　⑦

5km > 6km > 7km > 8km

八日市駅

❶ 万葉の森 船岡山

まんようのもり ふなおかやま

万葉の時代の蒲生野を思う

『万葉集』に記された額田王と大海人皇子の相聞歌「茜さす〜」を刻んだ歌碑が、蒲生野を見渡す船岡山に立つ。麓の公園には天智天皇7年(668)の遊猟の光景を美術陶板で再現。ムラサキの花が咲く園や、万葉歌に詠まれた植物約100種を紹介するエリアもある。

☎0748-29-3920(東近江市観光協会)

⊕東近江市野口町・糠塚町　🄫散策自由　[MAP]P92A3

男性は狩をし、女性は薬草を摘む万葉人の姿が鮮やかに眼前に

八日市

広域図はP168へ　N 0 200m 1:22,000

近江八幡市

安土町東老蘇

五個荘駅
五個荘伊野部町

瓦屋禅寺卍

❶ 万葉の郷ぬかづか

まんよう さと

地元の農家が、減農薬、減化学肥料の農作物を販売。隣では米や菓子などの販売も。水・木・土・日曜に営業。

建部瓦屋寺町

❸ 太郎坊宮(阿賀神社)
ここまで 4km

❹ 松尾神社
ここまで 5km
鐘地蔵尊

参集殿
卍

❷ 金柱宮跡

成願寺卍

石垣坊卍

八日市松尾町

八日市駅

❷ 安土町内野

ここまで 3km

近江牛創作料理専門店
万葉 太郎坊亭
P94

箕作小🄫

❺ 延命公園

ゴー

生蓮禅寺卍

卍来迎院

小脇町

八日市清水

新八日市駅

(二)

(三) 栄

糠塚町

ここまで 1km

小脇町

畑酒造

太郎坊宮前駅

清水三

昭和町

西中野町

船岡山▲

❶ 万葉の森 船岡山

近江鉄道万葉あかね線

421

阿賀神社卍・万葉歌碑

小今町

小脇町南

❸ 野口町

市辺駅

蛇砂川

近江鉄道水口・蒲生野線

東近江市

中野町

スタート
船岡中

三津屋町

公設地方卸売市場

市辺町

今崎町

日野駅へ

空き地の中に立つ石碑のみが昔を物語る

金柱宮跡の説明板。狛の長者伝説は筏川など東近江に残る

❷ 金柱宮跡
かなばしらのみやあと

狛の長者の伝説も今は遠く

平安時代後半、一帯を開墾し、狛の長者と呼ばれた人がいたという。『梁塵秘抄』に「新羅が立てたりし持仏堂の金の柱」とあり、その後、金柱宮と呼ぶ神社が建立された。明治になって阿賀神社に合祀され、今は金柱宮跡を示す碑だけが木立に包まれて立っている。

☎0748-29-3920(東近江市観光協会)
🚇東近江市小脇町　🕐見学自由　MAP P92A2

❸ 太郎坊宮（阿賀神社）
たろうぼうぐう　（あがじんじゃ）

社を守る天狗、太郎坊が有名に

上）絶景の前に立つ本殿
左）邪心をもつ人は通れない（？）夫婦岩

標高350mの赤神山山頂近くに本殿があり、急な石段が740余段も続く。創建は約1400年前、天照大神の御子、正哉吾勝勝速日天忍穂耳尊を祭神とした。のちに最澄が50有余の社坊を建立して隆盛。勝運、招福、商売繁盛の神として信仰が篤い。

☎0748-23-1341　🚇東近江市小脇町2247
🚇境内無料　🕐9:00～17:00　MAP P92B2

山麓の鳥居脇には遥拝所があり、本殿に参拝したと同じご利益を授かるという

八日市

❹ 松尾神社
まつおじんじゃ

石組庭園の遺構に往時を偲ぶ

中世の松尾神社は、近くにあった東大寺に属する尊勝寺などを統括する存在だったという。現在は江戸時代末ごろの本殿や拝殿が立つのみだが、室町後期から桃山前期の作庭とみられる庭の石組が残っている。北側にあった豪邸の庭かともいわれるが、詳細は不明。

☎0748-29-3920（東近江市観光協会）
🏠東近江市八日市松尾町3　🕐境内自由　MAP P92C2

市の文化財に指定された庭園。隣の浜野会館にパンフがある

江州音頭を今日の形にした宗家・桜川大龍ゆかりの地に立つ碑

池を中心とした中段の広場

❺ 延命公園
えんめいこうえん

桜や紅葉見物に人々が訪れる

延命山一帯に子どもの遊び場や池、巨石を使った庭が作られている。園内には木立に包まれた気持ちのいい空間が広がり、約300本の桜が花咲く春には、多くの人が訪れる。また八日市は江州音頭発祥地として知られ、由緒を記す碑が立つ。

☎0748-29-3920（東近江市観光協会）　🏠東近江市松尾町
🕐入園自由　MAP P92C2

おさんぽの途中に！　立ち寄りグルメ＆ショップ

近江牛創作料理専門店 万葉 太郎坊亭
おうみぎゅうそうさくりょうりせんもんてんまんようたろうぼうてい

絶品近江牛に舌鼓

太郎坊宮の麓に位置。個室を完備し、A5クラスの最上級の近江牛をゆったりと味わえる。ランチタイムには、近江牛3種盛御膳3300円ほかリーズナブルな御膳メニューが揃う。

☎0748-22-0329　🏠東近江市小脇町654-1　🕐11:30〜14:30、17:00〜22:00　🈲月曜（祝日の場合は営業）　MAP P92B2

ABC食堂
えーびーしーしょくどう

昔ながらの洋食を味わう

大正14年（1925）創業、3代目シェフが老若男女を楽しませる昔ながらの洋食店。2日ごとにメインが変わる日替わりランチ1200円、エビフライなどが付くAランチ1350円。

☎0748-22-0164　🏠東近江市八日市本町15-17　🕐11:30〜14:15LO　🈲不定休　MAP P93D2

茶房 かねしょう
さぼう かねしょう

近江の銘茶でほっとひと息

近江銘茶 武久商店に併設されているカフェ。滋賀県産の抹茶を使用したアイスやケーキなどの甘味が揃うほか、抹茶ラテ500円や煎茶セットなども。茶葉も買える。

☎0748-22-0387　🏠東近江市東中野町4-18　🕐8:30〜18:00（日曜、祝日は9:30〜）　🈲水曜　MAP P93D3

❻ 世界凧博物館 東近江大凧会館
せかいたこはくぶつかん ひがしおうみおおだこかいかん

大凧をはじめ世界の凧を紹介

　江戸時代中ごろ、子どもの誕生を祝って5月の節句に揚げたのに始まるという東近江大凧。最大の特徴は大きさで、過去には240畳の大凧を揚げた記録もある。館内では常時100畳サイズの大凧を展示。上部に動物の絵、下に朱の文字を描き、図柄に意味をもたせた判じもののおもしろさでも人気がある。

☎ 0748-23-0081　🏠 東近江市八日市東本町3-5
💰 300円　🕐 9:00〜17:00
🚫 水曜、第4火曜、祝日の翌日　MAP P93D3

1階に展示されている100畳サイズの東近江大凧は大迫力

左)会館の外観にも凧が　右)2階には日本各地と世界の凧を展示している

❼ 市神神社
いちがみじんじゃ

近江七福神のうちに数えられる

　聖徳太子が始めたという市を守護するために建立。太子自刻の事代主神像（ことしろぬしのかみ）を伝えるという。額田王立像を祀ることでも知られ、犬養孝筆で額田王の「君待つとわが恋ひをればわが屋戸のすだれ動かし秋の風吹く」の歌碑も。

☎ 0748-22-0819　🏠 東近江市八日市本町15-4
💰 境内自由　MAP P93D2

商売繁盛や交通安全を願って人々が訪れる古社

額田王の歌は万葉仮名で刻まれている

歴史を学ぶ

◎ 禁断の恋、それとも座興？

　茜さす紫野行き標野行き野守は見ずや君が袖振る　額田王

　紫草のにほへる妹を憎くあらば人妻故に我れ恋ひめやも　大海人皇子

　額田王は大海人皇子との間に娘をもうけながらも、今

　は皇子の兄天智天皇の後宮にいるという複雑な立場。遊猟後の宴会で、天皇の前で交わされたというこの相聞歌も意味深だ。

　歌の舞台蒲生野に立てば、恋愛におおらかな万葉人の心がわかるかも。

万葉人に扮したボランティアガイド

米原
彦根
近江高島
琵
琶
湖
近江八幡
日野
★
大津
草津

湖東／湖北

日 野
·ひの·

●歩く時間 >>>約**1時間20分**　　●歩く距離 >>>約**5.5km**

半日
コース → START

日野駅

近江鉄道
本線

> ❶ 南大窪・岡
本町町並み

徒歩
40
分

(所要10分)

> ❷ 近江日野
商人館

徒歩
3
分

(所要40分)

> ❸ 日野まちか
ど感応館

徒歩
8
分

(所要10分)

徒歩すぐ

300 m
150 m
日野駅
高低差 0m

日野駅

距離 > 1km　　> 2km

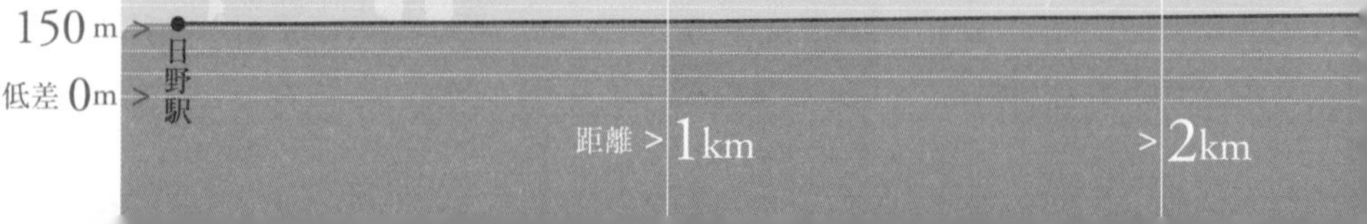

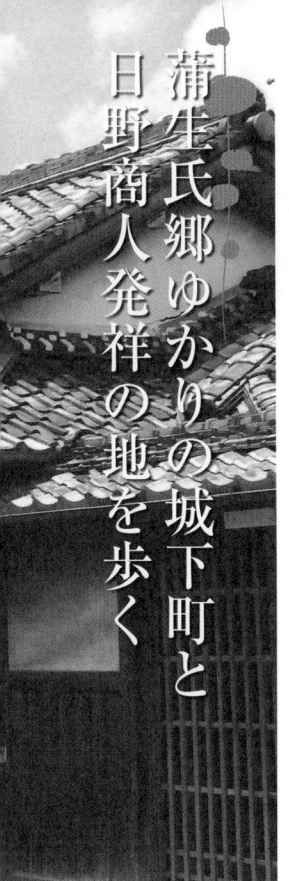

日野商人などが図案化された
マンホールの蓋

蒲生氏郷ゆかりの城下町と日野商人発祥の地を歩く

蒲 生氏三代（定秀・賢秀・氏郷）の居城、日野城の城下町として栄えた日野には、今も当時の町割が残る。通りの各所には食違い型交差が設けられ、家々が配されている。市街戦を配慮した防備の跡だ。松尾の交差点から日野商人街道へ入る。江戸時代になると、湖東の地では天秤棒を担いで諸国を行商する商人が誕生した。日野では特産品の日野椀や合薬などを商い、日野商人と呼ばれた多くの豪商が世に出た。通りの周辺では、白壁の土蔵や板塀の落ち着いた風情を留める豪商たちの旧宅に出会える。また、新町へ向かうと、板塀に祭りを楽しむための「桟敷窓」のある日野特有の家が軒を連ねる。この日野祭で名高い馬見岡綿向神社から日野城跡へ進むほどに、蒲生氏ゆかりの社寺や遺構が点在する。日野商人を育てた城下町は、来訪者に散策の楽しみを教えてくれる。

おさんぽアドバイス

近江鉄道日野駅からの散策順路は平坦で歩きやすい。ただ、脇道や小路に入ると似かよった古い家並みが続き、はじめての散策ではわかりにくい場所もあるので、日野駅の観光案内所で散策マップをもらっておくと便利。

日野

●おすすめ季節 >>> 春🌸 秋🍁

④ 新町町並み		⑤ 馬見岡綿向神社		⑥ 近江日野商人ふるさと館「旧山中正吉邸」		⑦ 日野城跡		GOAL 🚌 バス停日野川ダム口
	徒歩12分		徒歩4分		徒歩10分	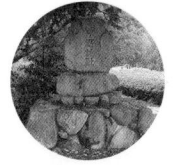	徒歩5分	JR琵琶湖線近江八幡駅まで近江鉄道バス近江八幡駅南口行きで51分
（所要10分）		（所要20分）		（所要20分）		（所要10分）		

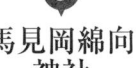

> 3km   > 4km   > 5km

① ② ③ ④ ⑤ ⑥ ⑦
バス停日野川ダム口

❶ 南大窪・岡本町町並み

みなみおおくぼ・おかもとちょうまちなみ

豪商たちの本宅が並ぶ

▽ この界隈には白壁の土蔵や板塀に囲まれた落ち着いた家並みが続く。江戸時代、行商で全国へ進出した日野商人たちの本宅だ。「八幡表に日野裏」といわれるように、表を質素に奥を豪勢で趣のあるものにした建築は、日野商人の精神を象徴したものだ。

☎0748-52-6577（日野観光協会）　住日野町大窪
料散策自由　MAP P98C2

豪商の本宅が並び、「日野裏」の趣がある代表的な町並み

日野

広域図はP169へ
0　　　200m
1:24,000

畜産技術振興センター

❶ 小谷

山本

小御門

❷ 必佐小

里口

内池

日野駅

スタート

近江鉄道
水口・蒲生野線

水口駅へ

猫田

❸

圓融寺

比都佐神社

十禅師

別所橋

別所

清田

大谷公園体育館
大谷公園
大谷
老人ホーム白寿荘
正明寺

（がもう うじさとぞう）
蒲生氏郷像
故郷を偲び「思ひきや人のゆくへぞ定めなき　わがふるさとをよそに見んとは」の歌を詠む氏郷の姿を写したという、ひばり野公園の像。

椎植神社

フレンドマート
松尾北　松尾

（五）

日野中
日野町役場
図書館
河原西
河原

レストラン岡崎
P101

日野記念病院

上野田

正覚寺

（三）
（四）
（一）
（二）
松尾
松尾

河原
中道
（二）
（三）

ここまで 1km

ここまで 2km

❹ 新町町並み

❶ 南大窪・岡本町町並み

いせの

テクノ高槻

内池公園

日野高

日野

日田

日田

日野商人街道

東本誓寺
山王公園

豊平神社
日野町

清水町町並み

大窪

ここまで 3km

❷ 近江日野商人館
coffee roastery & cafe
らっこや P101

❸ 日野まちかど感応館

猫田

❻ 近江日野商人ふるさと館「旧山中正吉邸」

木津大橋

木津

寺尻

小井口

日野川

資料館は企業研修にも利用されている

❷ 近江日野商人館
おうみひのしょうにんかん

豪商の本宅を活用した資料館

日野の豪商・山中兵右衛門の旧宅を活用した、日野町立の歴史民俗資料館。典型的な日野商人の本宅で、時代を先取りした生活様式がうかがえる。館内には行商品や道中具、家訓などが展示され、400年に及ぶ日野商人の歴史や商法などが学べる。

☎0748-52-0007　🏠日野町大窪1011　💴300円
🕐9:00～16:00　🗓月・火曜（祝日の場合は水曜）、祝日の翌日　MAP P98C3

信楽院
しんぎょういん

中世に日野を統治した蒲生氏の菩提寺。本堂には高田敬輔作「雲竜」の天井画、境内には蒲生氏郷公の遺髪塔がある。

❺ 馬見岡綿向神社

出雲川

477

西大路

ここまで 5km ゴール

日野川ダム口

ここまで 4km

❼ 日野城跡

日野川ダム

日野商人の典型的な本宅

❸ 日野まちかど感応館
ひのまちかどかんのうかん

旧薬店から観光案内の拠点へ

日野商人の行商の主力商品だった合薬「萬病感応丸」の創始者・正野法眼玄三の旧薬店を観光案内所として活用。旧店内の様子が残され、薬製造の道具を展示。特産品の販売も。

☎0748-52-6577（日野観光協会）　🏠日野町村井1284　💴無料　🕐9:00～17:00　🗓月曜（祝日の場合は翌日）　MAP P98C2

観光案内や散策の休憩スポットにもなっている旧正野法眼の薬店

日野

日野祭を見るためだけに設けられた「桟敷窓」のある旧家

歴史を学ぶ

◎ 日野で生まれた戦国武将、蒲生氏郷

弘治2年（1556）に日野城で生まれた氏郷は、13歳で織田信長の人質となるが、信長にその才能を見込まれ、信長の娘の冬姫と結婚。日野城主として楽市楽座を開き、町の活性化に努めた。その後、豊臣秀吉に従って戦功を挙げ、伊勢松坂12万石に転封。さらには会津92万石の大大名に出世した。また氏郷は利休七哲のひとりに数えられた茶人、「レオ」という洗礼名をもつキリシタン大名でもあった。

日野城跡近くにある氏郷産湯の井戸

❹ 新町町並み
しんまちまちなみ

日野特有の「桟敷窓」が見られる

くぐり戸や桟敷窓のある日野商人の旧家が軒を連ねている。「桟敷窓」は板塀に造られた切り窓で、普段は閉じられているが1年に一度、日野祭（→P158）の日に桟敷を設けて窓を開け、絢爛豪華な曳山を見物して楽しむ。
☎0748-52-6577（日野観光協会）
🏠日野町村井　散策自由　MAP P99D2

❺ 馬見岡綿向神社
うまみおかわたむきじんじゃ

蒲生氏と日野商人の守り神

日野の東にそびえる綿向山に鎮座する大神（天穂日命）を、平安初期に遷し祀ったのが始まり。蒲生氏が氏神として信仰し、江戸時代を通して日野商人の財力に支えられ、出世開運の神として崇敬を集めた。5月2日（宵祭）、3日（本祭）の日野祭も有名だ。

日野祭の際には絢爛な曳山がこの広々とした境内に集結し、大いに賑わう

神社の起こりに由来する、綿向大神の使いとされる猪の石像

☎0748-52-0131
🏠日野町村井705
境内自由　MAP P99D2

石造りの太鼓橋奥に立つ入母屋造、軒唐破風付きの拝殿。日野商人・中井良祐光武の寄進により建立

⑦ 日野城跡
ひのじょうあと

蒲生氏6万石の居城

中野城とも呼ばれる。天文2年（1533）に蒲生定秀が築城。本能寺の変の際には、安土城にいた織田信長の妻子一族が身を寄せたことでも知られる。昭和の日野川ダムの建設時に遺構の多くが水没したが、石垣が少し残る。

☎0748-52-6577（日野観光協会）
🏠日野町西大路　🕐見学自由
MAP P99D3

日野城跡を示す石碑

⑥ 近江日野商人ふるさと館「旧山中正吉邸」
おうみひのしょうにんふるさとかん 「きゅうやまなかしょうきちてい」

商人の暮らしぶりにふれる

上）大正末期のモダンな洋間　下）馬見岡綿向神社参道沿いに立つ

日野町指定文化財「旧山中正吉家住宅」を、歴史的な建造物や庭園の見学などが行える施設として公開。主屋を中心とした江戸時代末期の風情と、洋間や新座敷などの大正末期～昭和初期のモダンな暮らしぶりが偲ばれる。日野の伝統料理の食体験も。

☎0748-52-0008　🏠日野町西大路1264　💴300円　🕐9:00～16:00　🈂月・火曜（祝日の場合は水曜）、祝日の翌日　MAP P99D2

おさんぽの途中に！　### 立ち寄りグルメ＆ショップ

🍴 レストラン岡﨑
れすとらんおかざき

近江の自然が育んだ日野牛

直営牧場で育てた近江日野牛を新鮮かつ手ごろな価格で味わえる食事処。近江牛鉄板焼定食3135円のほか、しゃぶしゃぶやすき焼き、陶板焼、一品料理まで献立は幅広い。

☎0748-52-3232　🏠日野町河原2-11　🕐11:00～14:30LO、17:00～20:30LO　🈂月曜（祝日の場合は翌日）　MAP P98C2

☕ coffee roastery&cafe らっこや
こーひー ろーすたりー＆かふぇ らっこや

風情たっぷりの古民家カフェ

江戸末期の商家を改装した居心地のよいカフェ。日野町産の古代小麦を使ったディンケル小麦のホットケーキ680円など地元の食材にこだわる。自家焙煎コーヒー400円～。

☎090-8457-8848　🏠日野町大字大窪674　🕐11:00～18:00　🈂火～木曜（臨時休業あり）　MAP P98C3

🛍 かぎや菓子舗
かぎやかしほ

郷土銘菓をおみやげに

嘉永元年（1848）創業の老舗和菓子店。近江米を使ったいがまんじゅうやでっち羊羹などの郷土銘菓をはじめ、季節の生菓子などが豊富に揃う。いがまんじゅうは1個140円。

☎0748-52-0048　🏠日野町村井1336　🕐8:00～18:00　🈂火曜（祝日の場合は翌日）　MAP P99D3

日野

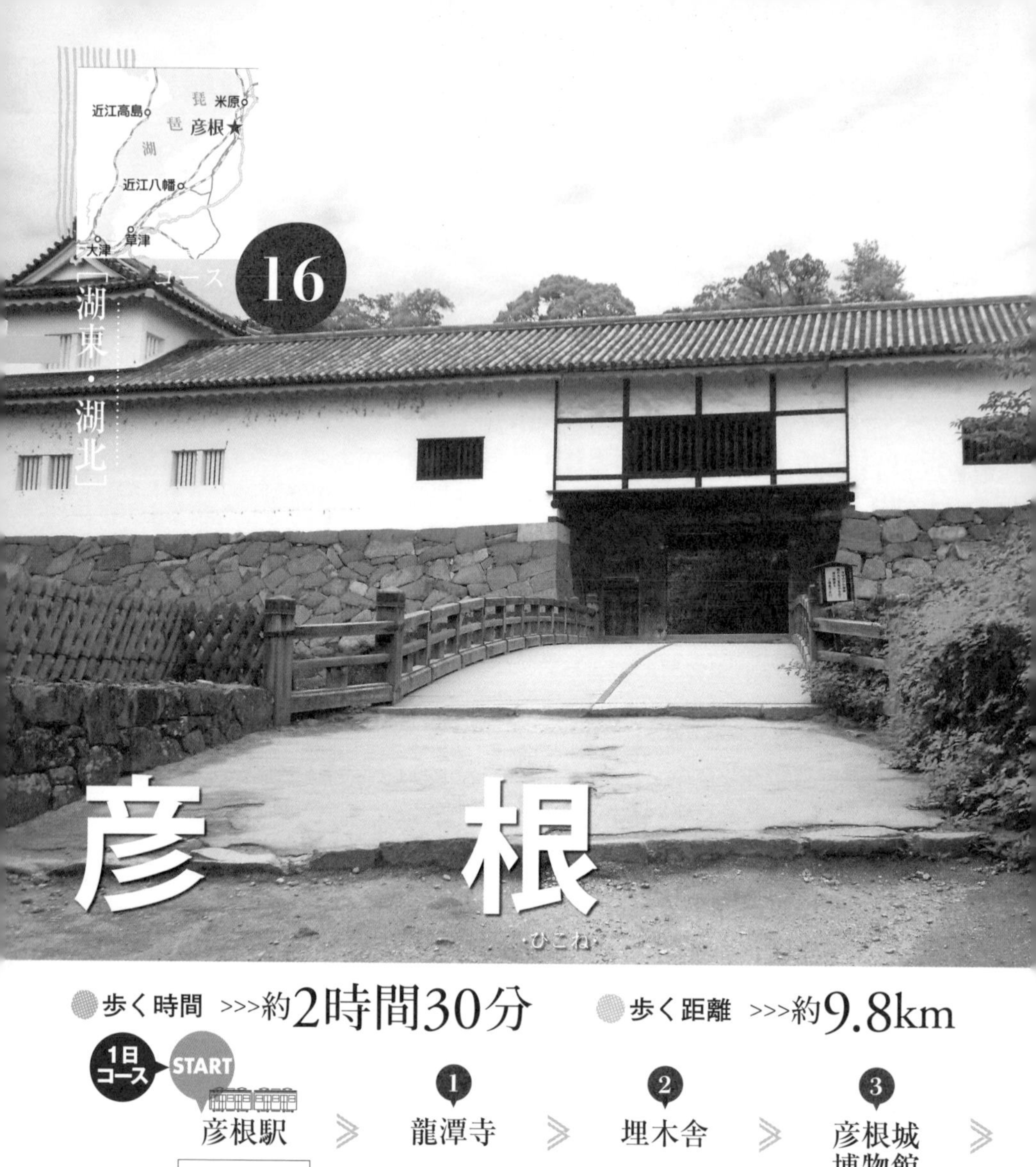

近江高島

琵 米原

琶 彦根 ★

湖

近江八幡

草津

大津 コース

16

[湖東・湖北]

彦 根
ひこね

●歩く時間 >>> 約**2時間30分**　　　●歩く距離 >>> 約**9.8km**

1日コース **START**

彦根駅

JR
琵琶湖線

≫

❶
龍潭寺

徒歩
20
分

（所要20分）

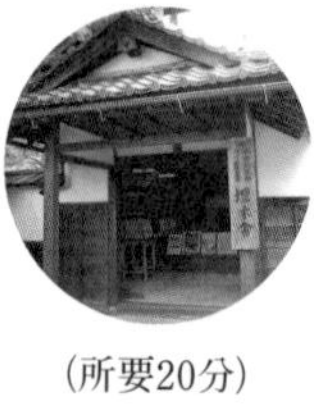

≫

❷
埋木舎

徒歩
25
分

（所要20分）

≫

❸
彦根城
博物館

徒歩
5
分

（所要40分）

≫

徒歩
7
分

300m >

150m >

高低差 0m >

彦根駅

❶

❷ ❸ ❹

❺

距離 > 1km　　　> 2km　　　> 3km　　　> 4km

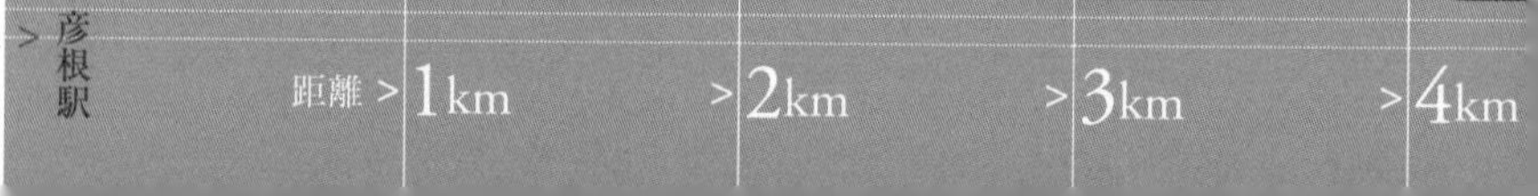

国宝の天守聳える城下町彦根を町歩き

龍潭寺は禅宗の始祖達磨大師を重んじ、だるま寺として知られる

城 山の緑から顔を見せる白亜の天守は、彦根市民の誇り。元和8年（1622）に完成した彦根城は、廃城令が出た時、地元住民を中心に巡幸中の明治天皇に存続を訴え、取り壊しを免れた。その後の戦火にも遭わず、城や町割をよく残している。天守に登ると、北国街道の要衝として、また琵琶湖の水運を利用して、事あれば京都の御所に駆けつけるという彦根藩の役割がよくわかる。藩主が政務をとった表御殿（現彦根城博物館）や日常の御殿（楽々園や玄宮園）で35万石の大名の暮らしを実感したら、中堀と外堀に囲まれた一郭を散策。中級武家屋敷や武士の生活を支えた商人、職人の住居地で、今は江戸時代の城下町の風情を大切にした商店街になっている。さらに外堀と芹川の間には足軽組屋敷跡が残り、花しょうぶ通りにも古い民家が立ち並んでいる。

おさんぽアドバイス

絶大な人気を誇る彦根のご当地キャラクター「ひこにゃん」は、毎日3回、彦根城天守前広場、彦根城博物館、四番町スクエア（MAP P104A3）に登場。ただし変更されることもあるので、公式HPでスケジュールを確認してから出かけたい。

彦根

●**おすすめ季節** >>> 春 🌸（3~4月）　秋 🍁（11月~12月上旬）

④ 彦根城（天守）

（所要30分）

≫ 徒歩8分 ≫

⑤ 玄宮園

（所要30分）

≫ 徒歩10分 ≫

⑥ 旧西郷屋敷長屋門

（所要5分）

≫ 徒歩25分 ≫

⑦ 善利組組屋敷

（所要5分）

≫ 徒歩45分 ≫

GOAL
彦根駅

JR 琵琶湖線

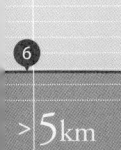

⑥ ⑦

>5km　>6km　>7km　>8km　>9km　彦根駅

彦根

広域図は P171へ

N 0   100m
1:15,000

① 龍潭寺

③ 彦根城博物館

④ 彦根城

⑤ 玄宮園

⑥ 旧西郷屋敷長屋門

② 埋木舎

⑦ 善利組組屋敷

夢京橋あかり館 P107

いと重菓舗 P107

スイス P107

スタート

ゴール

彦根駅

ひこね芹川駅

ここまで 1km
ここまで 2km
ここまで 3km
ここまで 4km
ここまで 5km
ここまで 6km
ここまで 7km
ここまで 8km
ここまで 9km

❶ 龍潭寺
りょうたんじ

直弼公生母の墓がある井伊家菩提寺

石田三成の居城があった佐和山の西麓に立つ寺は、井伊家の出身地、静岡県井伊谷より移したもの。本尊は楊柳観世音菩薩（非公開）。枯山水と池泉鑑賞式の2つの趣の異なる庭があり、沙羅が6月ごろに美しい花をつける。

☎ 0749-22-2777　🏠 彦根市古沢町1104　💴 400円
🕐 9:00〜17:00（冬期は〜16:00）　MAP P104C1

質素な控え屋敷で、中級藩士の屋敷ぐらいといわれている

白砂に大小48の石を配した方丈南庭「ふだらくの庭」

❷ 埋木舎
うもれぎのや

居間や茶室を公開

井伊直中の14男直弼が、青年期を過ごした屋敷。陽の当たらない身分を埋木になぞらえて命名したという。兄の死で13代彦根藩主となり、幕末に大老職を勤めるが、ここではひたすら学問や心の修行に励む日々だった。

☎ 0749-23-5268
🏠 彦根市尾末町1-11　💴 300円
🕐 9:00〜17:00（入館は〜16:30）
🚫 月曜（祝日の場合は翌日）、12月20日〜2月末
MAP P104B2

徳川の先鋒を勤めた井伊直政の雄姿

歴史を学ぶ

◎ 13代井伊直弼まで5人が大老職に就く

彦根藩初代藩主となる井伊直政は、大河ドラマで話題となった井伊直虎が育て上げた戦国武将。徳川家康に仕え、関ヶ原の合戦では家康軍の先陣として大活躍し、戦後、石田三成の領した佐和山18万石に栄転。大坂冬の陣でも子の直孝の働きが評価され、30万石まで加増。実際の禄高は35万石あったという。その後、250余年にわたり徳川幕府の重鎮として彦根藩の果たした役割は大きい。

❸ 彦根城博物館
ひこねじょうはくぶつかん

表御殿の位置に立つ

甲冑や刀剣などの武具、能装束、重要文化財の彦根藩井伊家文書など井伊家に伝わる名宝を常に展示。藩の政庁であった表御殿を復元した館内では、能舞台や御座之間、茶室、庭園など藩主の生活がうかがえる。

☎ 0749-22-6100　🏠 彦根市金亀町1-1　💴 500円（一部休室期間は変更）　🕐 8:30〜17:00　🚫 12月25〜31日（他に臨時休館あり）　MAP P104B2

天守に続く表門山道近くに立つ

藩主の居間である御座之間を再現

❹ 彦根城
ひこねじょう

世界遺産を目指して

江戸時代を通して徳川家に仕えた譜代大名・井伊家の居城として築かれた平山城。天守は大津城の4層天守を改めて3層として移築したと伝えられ、慶長12年(1607)ごろに完成。その後、近隣の城を転用して城郭全体は築城開始から約20年後に完成した。明治の廃城を免れ、貴重な天守や附櫓は国宝に指定。藩主用の馬が十数頭待機していたという馬屋も公開。

☎0749-22-2742 　🏠彦根市金亀町1-1
💴800円(玄宮園と共通) 　🕐8:30〜17:00
🈺無休 　MAP P104A2

国の重要文化財に指定されている馬屋

高さ約4.5mの打ち込みハギの石垣の上にそびえる天守

木立ちの奥に見える天守を借景とした雄大な池庭。4つの島と9つの橋を置く

☎0749-22-2742(彦根城) 　🏠彦根市金亀町1-1
💴800円(彦根城と共通) 　🕐8:30〜17:00
🈺無休 　MAP P104B2

橋を渡った先には臨池閣、鳳翔台、八景亭などの建物がある

❺ 玄宮園
げんきゅうえん

近江八景を庭に表現

天守の北側にあり、建物を楽々園、庭を玄宮園と呼んでいる。この地は城主が日常生活を営む場所で、直弼もここで生まれた。庭園に設けられた茶席では、殿様気分でお茶をいただくこともできる。9月には「観月の夕べ」も開かれる。

玄宮園入口。国の名勝に指定された庭は、4代藩主井伊直興が整備。当時は船で琵琶湖に出られたという

中堀に架かる京橋のそばにある

☎0749-23-0001（彦根観光
協会）　⊕彦根市金亀町
⊛外観見学自由
MAP P104A3

⑥ 旧西郷屋敷長屋門
きゅうさいごうやしきながやもん
家老の格式を雄弁に

元は彦根藩の第三家老西郷藤左衛門伊豫の屋敷だった。伊豫は徳川家康の重臣で、関ヶ原合戦時の井伊直政の功績により、井伊家に譲られた。京橋の北にある屋敷跡は現在は裁判所となっているが、長屋門や土塀、西側に高麗門が残っており、外観のみ見学することができる。

細くて迷路のような道が延びる

☎0749-23-0001（彦根観光
協会）　⊕彦根市芹橋
⊛周辺見学自由
MAP P104A3

⑦ 善利組組屋敷
せりぐみくみやしき
大規模な足軽組屋敷跡

夢京橋キャッスルロードと市道の交差点南西側に案内板が立っている。外堀（現在の市道）と芹川の間、芹橋2丁目あたりに1軒が50坪の足軽屋敷が約700軒あったといわれ、外敵の侵入を防ぐための入り組んだ道が今も残っている。

豆知識

招き猫とひこにゃん
まねきねことひこにゃん

招き猫発祥地
彦根に福を呼ぶ2匹の猫

招き猫の由来には諸説あるが、彦根藩にまつわる次のような話もその一つ。2代藩主直孝が、江戸の豪徳寺の前を通りがかった時、和尚の飼い猫がしきりに手招きする。そこで寺に入り休憩していると、猛烈な雨と落雷が起こり、直孝は命拾い。以後、豪徳寺は井伊家の保護で栄えたという。そして、猫をデフォルメした彦根のキャラクター「ひこにゃん」は、この招き猫伝説にちなむ。今なお絶大な人気を保ち、招き猫よろしく、彦根に人とお金をせっせと呼び込んでいるのである。

彦根

おさんぽの途中に！　立ち寄りグルメ＆ショップ

スイス
すいす

行列の絶えない人気洋食店

ツタの絡まる三角屋根がひと際目を引く、地元で大人気の老舗洋食店。丁寧に手作りされたハンバーグステーキ500円、オムライス400円などが驚きの値段で味わえる。

☎0749-23-6501　⊕彦根市中藪町598-2
⊛11:00〜15:00、17:30〜21:00
⊛月曜　MAP P104A3

いと重菓舗
いとじゅうかほ

井伊家御用達の菓子処

人気商品「埋れ木」は、井伊直弼が青年時代に過ごした埋木舎に由来する和菓子。手亡豆の白餡を求肥で包み、抹茶を加えた和三盆糖をまぶしている。6個入り864円。

☎0749-22-6003　⊕彦根市本町1-3-37
⊛8:30〜18:00
⊛火曜　MAP P104A3

夢京橋あかり館
ゆめきょうばしあかりかん

彦根蝋燭を今に伝える店

地場産業だった和蝋燭にちなむテーマ館。和蝋燭や近江麻布、お香などの地場産品を販売。彦根の文化を紹介する「彦根まちなか博物館」を併設している。

☎0749-27-5501　⊕彦根市本町2-1-3
⊛9:30〜17:30　⊛火曜（祝日の場合は翌日）　MAP P104A3

多賀

・たが・

多賀三社参りで
ご利益たっぷり

[湖東・湖北] コース **17**

近江高島　米原
琵琶湖　彦根
★多賀
近江八幡
大津　草津

● 歩く時間 >>>
約**3**時間

● 歩く距離 >>>
約**11.4**km

● おすすめ季節 >>>
春 🌸(4月)　秋 🍁(11月)

縁結び、延命長寿の神の多賀大社と、子孫繁栄の神を祀る胡宮神社（このみや）、生命の源の水と豊穣の神である大瀧神社。多賀にあるこれら三社を巡って、豊かな人生を祈願。さらに多賀町立博物館で、日本固有のアケボノゾウをはじめ、化石の宝庫である多賀町ならではの展示を見よう。180万年前の世界が眼前に広がる。

(おさんぽアドバイス)

前半は平坦な道だが、大瀧神社から多賀大社へ向かう道の途中から山道となる。また多賀大社門前以外に食事処はないので注意。

1日コース START 多賀大社前駅 ≫ ❶ 胡宮神社 ≫ ❷ 楢崎古墳 ≫ ❸ 大瀧神社 ≫ ❹ 多賀大社 ≫ GOAL 多賀大社前駅

近江鉄道 多賀線

 徒歩20分 （所要15分）
 徒歩40分 （所要5分）
 徒歩25分 （所要15分）
 徒歩80分 （所要30分）
徒歩9分

近江鉄道 多賀線

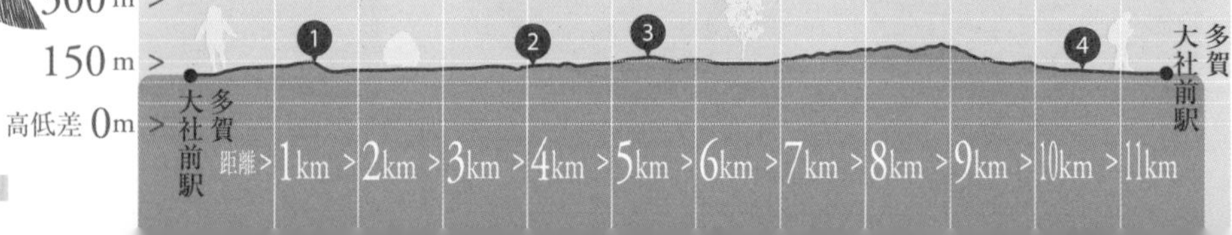

300m >
150m >
高低差 0m >
大社前駅　多賀　距離 > 1km > 2km > 3km > 4km > 5km > 6km > 7km > 8km > 9km > 10km > 11km
❶ ❷ ❸ ❹ 多賀大社前駅

彦根口駅へ
8
高宮町
彦根市
高宮神社
高宮駅
近江鉄道多賀線
東海道新幹線
A 大堀町
米原駅へ
B
彦根IC
野田山町
C
多賀
広域図は
P168・171へ
N 0 200m
1:35,000

ブリヂストン
彦根工場
スクリーン駅
近江グリーンロード
木曽
一円 ①
中川原
中川原
西音寺
月之木
久徳

スクリーン
ホールディングス
高宮町
近江鉄道
彦根・多賀大社線
古川シェル
工業所
土田
306
ゴール
スタート・・・・
多賀大社前駅
④ 多賀大社
多賀北

猿木

叶♡多賀門
(かなう たがもん)
願い事が叶うというスポット。多賀町のマスコットキャラクター「たがゆいちゃん」も「叶♡多賀門」の髪飾りをつけている

多賀西
藝やcafe P111
ここまで
11km
多賀大社奥書院庭園
多賀
多賀
ここまで
10km
多賀町役場
307
糸切餅総本家
多賀や P111
喜作 P111
多賀町立博物館 P110
大岡
②

小川原

小川原神社

尼子

高宮池
多賀SA
ここまで
1km
敏満寺
ここまで
2km
① 胡宮神社
青龍山
多賀町
ここまで
9km
ダイニック
滋賀工場
306
多賀グリーン
倶楽部
ここまで
8km
③

甲良西小

北落

日本カーリット
敏満寺中
大門
福寿橋
ここまで
3km
旭金属
工業所
多賀商工連盟
ここまで
7km
ピカコーポレイション

横関
日吉神社
甲良町役場
役場前
下之郷
甲良町
法養寺
道の駅
せせらぎの里こうら
金屋北
金屋
307
甲良養護学校
ここまで
4km
金屋橋
② 楢崎古墳
楢崎
勝楽寺
ここまで
5km
③ 大瀧神社
ここまで
6km
富之尾
④

大蛇ヶ淵
(だいじゃがふち)
犬上川 は大瀧神社の境内の下あたりで約10mの落差を流れ落ち、巨岩の間をうねるように流れる光景から大蛇ヶ淵と呼ぶ

長寿
雨降野
長寿寺
円城寺
第一化成
知恵の輪
親水公園
常安寺
愛荘町
正楽寺
池寺
307
山王大宮神社
西明寺
竹原
A
八日市ICへ
B
本堂山
藤瀬
C

109

❶ 胡宮神社
このみやじんじゃ

お多賀さんの奥の宮

磐座のある青龍山を背に立つ。鎌倉時代に48堂120坊の規模を誇った敏満寺の鎮護の神として栄えた。戦国時代の兵火に焼失したが、徳川家光により再建。三間社流造の本殿に伊邪那岐命と伊邪那美命、事勝国勝長狭命を祀っている。

☎0749-48-1553（多賀観光協会）　🏠多賀町敏満寺49
🕐境内自由　MAP P109B2

楓樹の多い豊かな自然の中に立つ檜皮葺の本殿と拝殿

川が流れ、休憩所もある公園として整備

空洞となった石室はのぞけるが入れない

❷ 楢崎古墳
ならさきこふん

一帯に住した豪族の墓か

付近に密集していた61基の古墳の一号墳が整備されている。直径15.5m以上の円墳で、6世紀ごろの築造とみられる。古墳からは武具、馬具、耳環などの装身具類、須恵器の破片が出土。多賀町立博物館で紹介している。

☎0749-48-1553（多賀観光協会）　🏠多賀町楢崎
🕐見学自由　MAP P109C3

寛永15年（1638）徳川3代将軍家光の命で造営された社殿

観光クローズアップ

◎ 多賀町立博物館
たがちょうりつはくぶつかん

古代へ遡る旅が体験できる

町内でのアケボノゾウの全身骨格化石発見を契機に、あけぼのパーク多賀内に開館。町内で発掘した化石や遺跡の出土品、鍾乳洞資料などを展示。生物の剥製を配置したジオラマで多賀の自然を紹介するコーナーも。

☎0749-48-2077　🏠多賀町四手976-2　💴250円
🕐10:00～18:00（土・日曜は～17:00）🚫月曜、祝日、第3日曜、最終木曜　MAP P109C2

左）アケボノゾウの全身骨格　右上）化石ジカの骨格標本　右下）博物館と図書館を併設

❸ 大瀧神社
おおたきじんじゃ

静かな境内に水音が響く

大同2年（807）、坂上田村麻呂の願いで建立されたとも伝わる古社。檜皮葺、一間社流造の本殿に、水を司り、豊作をもたらす高龗神と闇龗神を祀る。社前を犬上川が巨岩に当たりながら10mの落差で流れ、滝の宮にふさわしい光景を見せる。

☎0749-48-1553（多賀観光協会）　🏠多賀町富之尾
🕐境内自由　MAP P109C4

❹ 多賀大社
たがたいしゃ

1300年以上の信仰をもつ

八百万の神を生んだとされる伊邪那岐・伊邪那美の神を祭神とする。生命の親神様として、延命長寿の信仰を集めてきた。豊臣秀吉が母の病気平癒を祈願し、そのお礼に奉納した1万石で、奥書院の庭と太閤橋が造られたと伝わる。

奥書院前の池泉観賞式庭園は国の名勝指定

☎0749-48-1101
㊟多賀町多賀604
㊟境内自由。奥書院庭園拝観は300円、9:00～16:00 MAP P109C2

右)お多賀さまへは月参りと歌われ、年間170万人の参拝者がある多賀大社拝殿と本殿
左)元正天皇の病気平癒に効験があったという杓子形の絵馬に、願いを書いて奉納する

蛙の子オタマジャクシの語源とか

● お多賀杓子
おたがしゃくし

お多賀杓子の信仰は、奈良時代、元正天皇の病気平癒を祈願してシデの木で杓子を作り、強飯に添えて献上したところ快癒されたという話からきている。延命長寿に効験ありとして、天皇や徳川将軍家の信仰が篤く、春日局も多賀大社に代参している。お多賀杓子を求めに来たのかも。

多 賀

> おさんぽの途中に!

立ち寄りグルメ&ショップ

🍴 喜作
きさく

具だくさんの鍋焼きうどん

昼は麺類や丼物、夜は居酒屋になる店。年中味わえる多賀名物の鍋焼きうどん1078円がおすすめ。エビ天、牛肉、キノコなど具もたっぷり。喜作丼1012円も人気。

☎0749-48-1231
㊟多賀町多賀220-1
㊟11:00～14:00、17:00～22:00
㊟月曜、日曜夜 MAP P109C2

☕ 藝やcafe
げいやかふぇ

香り高いコーヒーで憩う

オリジナルブレンドのコーヒーが評判のオープンカフェ。注文を受けてから豆を挽いてハンドドリップする自家焙煎コーヒー420円。日替わりの手作りケーキも人気。

☎090-7759-2222
㊟多賀町多賀1199
㊟11:00～18:00(17:30LO)
㊟木曜 MAP P109B2

🛍 糸切餅総本家 多賀や
いときりもちそうほんけたがや

大社詣での名物・糸切餅

お多賀さん参りの名物・糸切餅の老舗。刃物は使わず三味線の糸で餅を切るのは、国の平和と長寿を願う意味が込められている。10個入り650円～。店内では1皿2個140円。

☎0749-48-1430
㊟多賀町多賀601
㊟8:00～17:00(1月は延長)
㊟無休 MAP P109C2

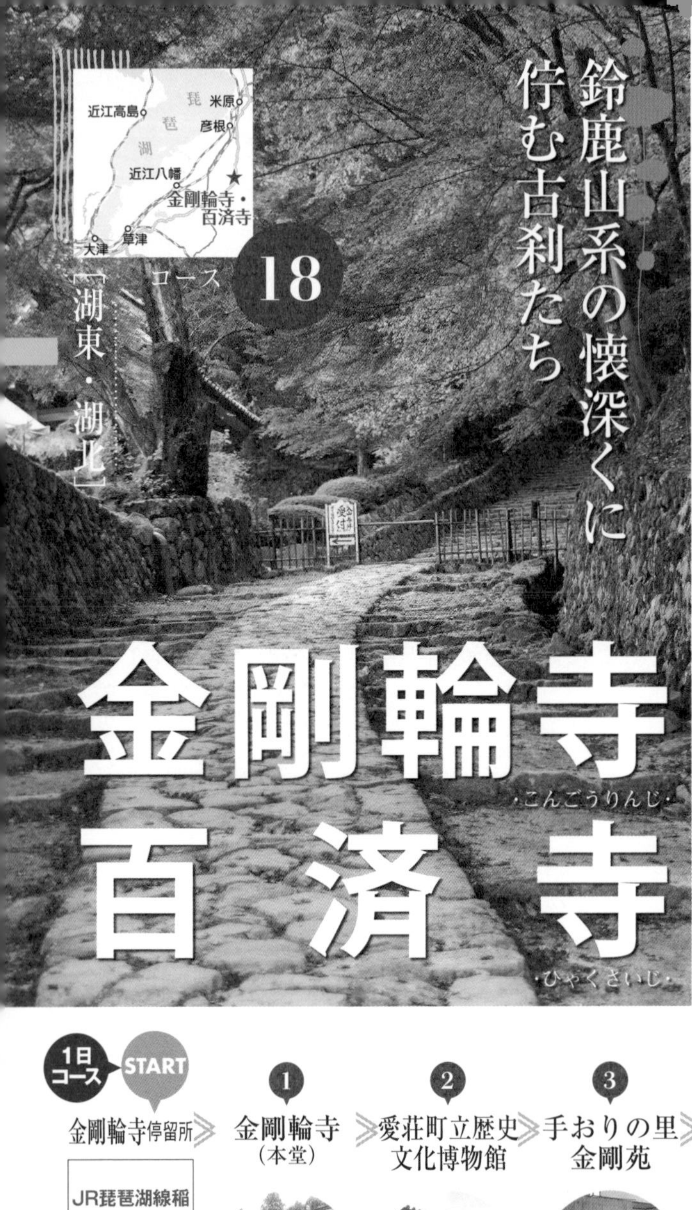

コース 18
【湖東・湖北】

鈴鹿山系の懐深くに佇む古刹たち

金剛輪寺
・こんごうりんじ・
百済寺
・ひゃくさいじ・

● 歩く時間 >>>
約2時間55分

● 歩く距離 >>>
約10.7km

● おすすめ季節 >>>
春 (5月)　秋 (11月中～下旬)

紅　葉の名所として名高い湖東三山。そのうち国宝の本堂や多くの優れた仏像のある金剛輪寺と、三山で創建が最も古く、天下遠望の名園と賞される庭がある百済寺を結んで歩く。山裾の遊歩道をたどれば豊かな自然の中のしっとりとした佇まいや仏像、庭園に心癒される。金剛輪寺から北へ向かえば西明寺がある。

〔 おさんぽアドバイス 〕

愛のりタクシーはほぼ1時間に1便。乗車は「愛のり」利用と告げて☎0749-22-1111(近江タクシー彦根営業所)へ要予約。

【1日コース】 START
金剛輪寺停留所

JR琵琶湖線稲枝駅から愛のりタクシーあいしょう（予約型乗合タクシー）で約20分

❶ 金剛輪寺（本堂）

徒歩15分
(所要45分)

❷ 愛荘町立歴史文化博物館

徒歩15分
(所要30分)

❸ 手おりの里 金剛苑

徒歩25分
(所要45分)

❹ 国史跡 百済寺

徒歩100分
(所要45分)

GOAL
百済寺本町バス停

JR琵琶湖線能登川駅まで近江鉄道バス愛知川駅経由能登川駅行きで40分

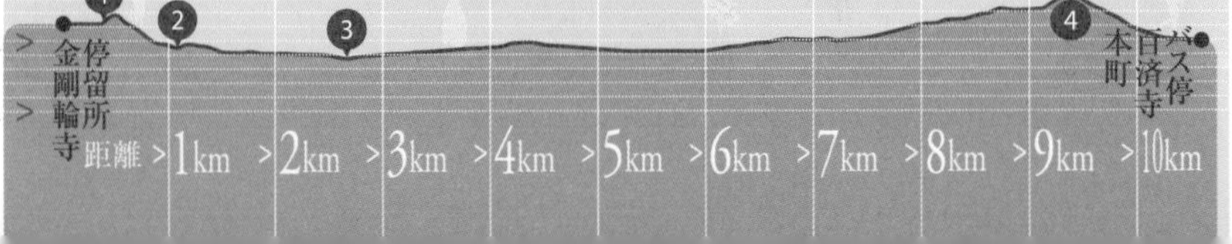

徒歩20分

400m
200m
高低差0m

❶停留所 金剛輪寺
❷
❸
❹ 本町 百済寺 バス停

距離 > 1km > 2km > 3km > 4km > 5km > 6km > 7km > 8km > 9km > 10km

甲良町

卍 西明寺 P115

池寺

湖東三山自然歩道

本堂山

名神高速道路

愛荘町

斧磨

卍 浄心寺

竹原

岩倉

ホクコン

B

卍 浄心寺

C

斧磨

藤瀬 ❶

松尾寺

湖東三山自然歩道

松尾寺

湖東三山PA

左図

スタート

金剛輪寺停留所

❷ 愛荘町立歴史文化博物館

卍 明寿院

ここまで 1km

❶ 金剛輪寺

豆の木茶屋 P115

秦川山

愛荘町

湖東三山スマートIC

湖東三山館 あいしょう

蚊野

307

蚊野外

ファインシンター

愛知消防署

❸ 手おりの里 金剛苑

春日神社

小八木町

栗本鉄工所

コクヨ工業滋賀

日本圧延

ここまで 2km

ここまで 3km

上蚊野

宇曽川

ここまで 4km

宇曽川ダム

❷

祇園町

ここまで 5km

八坂神社

平成の杜体育館

織物資料館

金剛苑内にある。美しい庭の前に旧役場を移築し、糸操りや手機の機械、近江上布や秦荘紬の作品などを展示している。

今在家町

平松町

僧坊町

湖東東局

湖東一小

下里町

平柳町

ここまで 6km

クレフィール湖東 P115

東近江市

ここまで 7km

湯屋町

旭化成住工

西明寺

北坂町

坂本神社

中里

卍 正善寺

中里町

大沢町

307

北花沢

北花沢町

南花沢

南花沢町

池之尻町

百済寺（名神）

ここまで 8km

読合堂町

轉成寺

百済寺本町

引接寺

百済寺本町

卍 日吉神社

A 上中野町

ゴール

B

岩上神社

百済寺町

参所権現本堂

ここまで 9km

ここまで 10km

❹ 国史跡 百済寺

上山町

C

❸

❹

❶ 金剛輪寺
こんごうりんじ

信長の焼討を免れた堂塔

聖武天皇の勅願で、天平13年(741)に行基が開いた。鎌倉時代建立の7間四方、檜皮葺の優美な国宝の本堂に、行基自刻と伝える本尊の聖観音(秘仏)のほか、不動明王、多聞天など多くの重文の仏像を安置。本坊明寿院には、桃山・江戸初期・中期の3つの庭からなる名勝庭園がある。「血染めのもみじ」と呼ばれる秋の紅葉は見事で、11月上〜下旬にかけて境内一面が真っ赤に染まる。

☎ 0749-37-3211
🏠 愛荘町松尾寺873
💴 600円
🕐 8:30〜17:00
🗺 P113C2

国宝の本堂は入母屋造、檜皮葺きの和様仏堂

鎌倉時代建立の三重塔。昭和の復元工事で美しい姿に

❷ 愛荘町立歴史文化博物館
あいしょうちょうりつれきしぶんかはくぶつかん

年3回ほど特別展も開催

金剛輪寺の参道沿いにあり、町の歴史や文化を紹介。この地を開いた古代豪族、依智秦氏関連の資料や、郷土の祭り、指定文化財の展示も。なかでもボストン美術館所有の金剛輪寺旧蔵金銅聖観音坐像の複製は貴重。

☎ 0749-37-4500　🏠 愛荘町松尾寺878　💴 300円
🕐 10:00〜17:00(入館は〜16:30)　📅 月・火曜、祝日の翌日(土・日曜、祝日は開館)　🗺 P113B1

資料室や工房の見学だけでなく、藍染や機織の体験も

❸ 手おりの里 金剛苑
ておりのさと こんごうえん

近江上布や秦荘紬を伝承

広大な苑内に、織物資料館、生活資料館金剛苑、染織工房、ショッピングもできる休憩室が立つ。建物は旧校舎、旧役場、古民家を移築。館内では糸から織物ができるまでの工程紹介や、本藍染の技術指導などを行っている。

☎ 0749-37-4131　🏠 愛荘町蚊野外514　💴 330円
🕐 9:00〜16:30　📅 日・月曜　🗺 P113A2

仏堂を思わせる建物の前に、心休まる庭が広がる

 ※紅葉期には彦根駅から湖東三山へのシャトルバスが運行(→P163)

❹ 国史跡 百済寺
くにしせき ひゃくさいじ

「百済望郷線」上に立つ太子創建の古寺

推古天皇14年(606)聖徳太子と渡来僧恵慈が創建。百済国と縁深く、本尊十一面観音は百済国龍雲寺の本尊と「同木二体」の秘仏。寺が立つ北緯35.1度線上の西彼方にはかつて百済国があり、寺はこのラインを百済望郷線と呼ぶ。

巨大な草履が目を引く仁王門

☎0749-46-1036
🏠東近江市百済寺町323 💴600円
🕐8:00～17:00
MAP P113C4

左)江戸時代初期再建の重文の本堂。城郭のような石垣上に立つ　右)本坊喜見院の池泉回遊式庭園。「天下遠望の名園」と呼ばれるスケールの大きさが魅力

観光クローズアップ

◎ 西明寺
さいみょうじ

国宝の堂塔に
見事な紅葉が映える

金剛輪寺から湖東三山自然歩道を約3km、約50分で西明寺に着く。承和元年(834)に開かれ、その後天台僧の修行道場として栄えた古寺。国宝の本堂には本尊薬師三尊像はじめ多くの仏像を安置。同じく国宝の三重塔、名勝蓬莱庭もみどころ。

☎0749-38-4008 🏠甲良町池寺26 💴入山600円
🕐8:30～17:00(入山は～16:00)
MAP P113A1

織田信長の焼討を免れた本堂は鎌倉前期、三重塔は鎌倉後期の建築

📖 歴史を学ぶ

湖東が生んだ大工の名工

百済寺の本堂を建てたのは地元の甲良大工とされる。近江源氏佐々木氏の末裔、甲良宗広が京都で大工技術を学んで帰り、甲良村にその技術を伝えたといわれる。甲良家の名は永禄9年(1566)の甲賀油日神社楼門の棟札に初めて現れるが、のちに徳川家康に仕えた広の坐像(非公開)がある。

甲良宗広を初代とし、平内家と肩を並べる江戸幕府作事方大棟梁を勤めた。江戸城造営に関わり、江戸城造営に携わり、増上寺や日光東照宮、鶴岡八幡宮など数々の建築する甲良家文書も名高い。甲良町に甲良豊後守宗廣記念館があり、百済寺には宗

🍃 おさんぽの途中に！ 立ち寄りグルメ

● 豆の木茶屋
まめのきちゃや

金剛輪寺境内にある一服処

名物の僧兵うどん(そば)960円は生玉子、油揚げ、天ぷら、山菜など具だくさんが魅力。永源寺の手作りコンニャクに自家製味噌をかけた味噌田楽220円で一服もよし。

☎0749-37-2670
🏠愛荘町松尾寺874
🕐10:00～16:00(変動あり)
🚫不定休(要問合せ)　MAP P113B1

● クレフィール湖東
くれふぃーることう

湖東平野の眺めもご馳走

湖東三山巡りに最適な宿泊施設。レストランでは週替わりランチ1650円など和洋のランチメニューが充実。黒毛和牛ランチコース4180円～が味わえるステーキハウスもある。

☎0749-45-3880
🏠東近江市平柳町22-3　🕐レストラン11:30～14:30、17:30～21:00
🚫無休　MAP 113B3

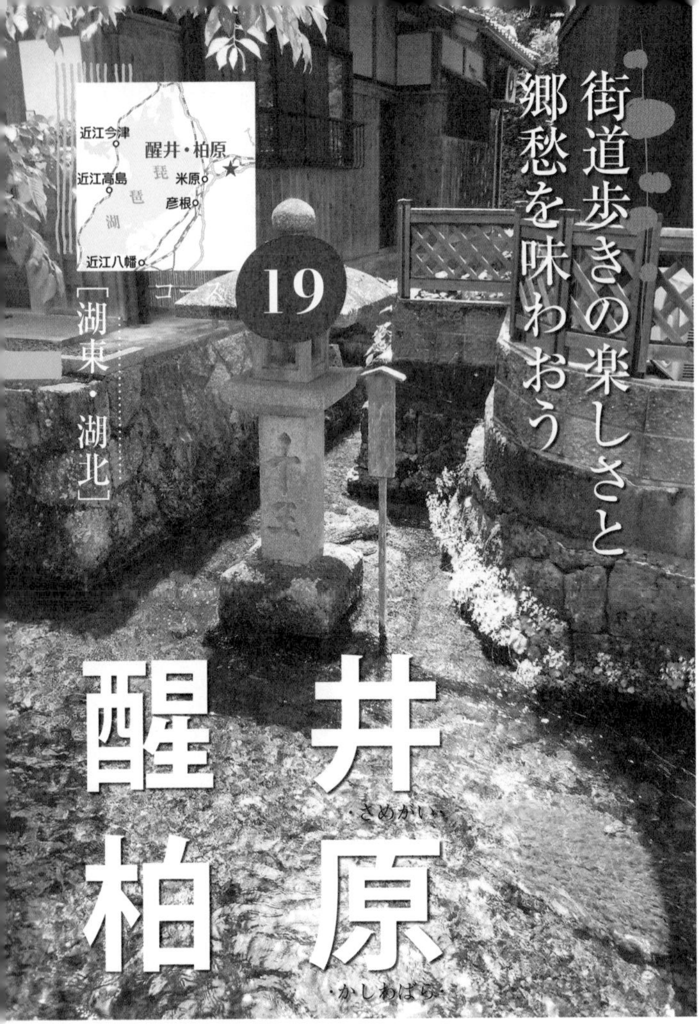

街道歩きの楽しさと郷愁を味わおう

醒井・柏原
さめがい・かしわばら

近江今津
近江高島
醒井・柏原
米原
彦根
近江八幡
琵琶湖
19

● 歩く時間 >>> 約1時間40分
● 歩く距離 >>> 約6.4km
● おすすめ季節 >>> 夏🍉（6月中旬～8月）

『古事記』『日本書紀』に日本武尊（やまとたけるのみこと）の命を救った霊水として登場する居醒（いざめ）の清水。その清流に慰められた旅人の気分で、昔の醒井宿から柏原宿へ旧中山道を歩いてみよう。柏原宿は規模も大きく、昔の姿がよく保たれていて、町を愛する住人の心が伝わる。夏には醒井の地蔵川にバイカモの花を見る楽しみもある。

おさんぽアドバイス

ふたつの宿場の間は約80分と長く、その間、国道沿いの道もあって車に注意。JR東海道本線を使えば両駅間は10分前後。

半日コース START 醒ケ井駅 ≫ ① 醒井水の宿駅 ≫ ② 米原市醒井宿資料館 ≫ ③ 居醒の清水 ≫ ④ 米原市柏原宿歴史館 ≫ GOAL 柏原駅

醒ケ井駅 JR東海道本線
徒歩すぐ
① 醒井水の宿駅 （所要20分）
徒歩3分
② 米原市醒井宿資料館 （所要20分）
徒歩10分
③ 居醒の清水 （所要5分）
徒歩80分
④ 米原市柏原宿歴史館 （所要20分）
徒歩8分
柏原駅 JR東海道本線

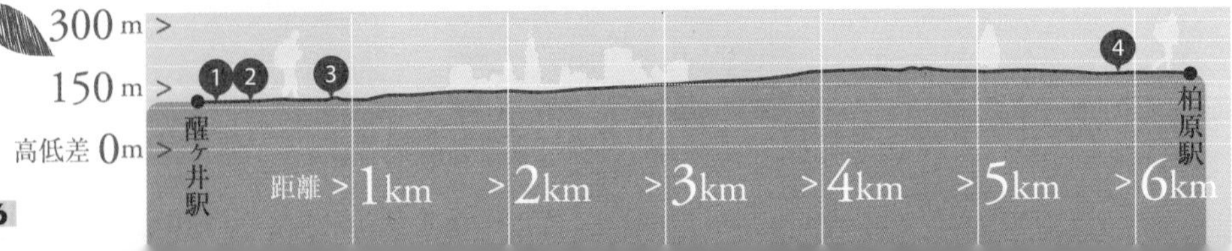

300m
150m
高低差 0m
醒ケ井駅 距離 1km 2km 3km 4km 5km 6km 柏原駅
① ② ③ ④

❶ 醒井水の宿駅
さめがいみずのえき

清流の里・醒井の魅力を紹介

JR醒ケ井駅のすぐ横にあって、地元の特産品やみやげ物の販売コーナー、湧水で入れるコーヒーや料理が人気の店が入る複合施設。なかでも野菜や山菜など地元の食材を使った季節感のある「おふくろバイキング」が昼食に人気。

☎0749-54-8222　㉐米原市醒井688-10
㉑9:00〜17:00(季節・店舗により異なる)
㉓無休(季節により変動)　MAP P118A3

上)JR醒ケ井駅からすぐの場所にある。観光情報も入手できる　右)「おふくろバイキング」は1600円(11:00〜14:00)

レトロな外観。正方形に近い規模は建造当時のまま

❷ 米原市醒井宿資料館
まいばらしさめがいしゅくしりょうかん

大正期の洋風建物を活用

ヴォーリズが設計に携わった大正4年(1915)建設の建物で、昭和48年まで郵便局として使われていた。国登録文化財の建物2階では、醒井宿に残る江龍宗左衛門家に伝えられた古文書や絵図など、宿場を知るうえで貴重な資料を展示している。

宿場の歴史がわかる

☎0749-54-2163
㉐米原市醒井592
㉑1階は無料、2階200円　㉑9:00〜17:00
㉓月曜(祝日の場合は翌日)　MAP P118A3

豆知識

バイカモ
ばいかも

水中に咲く可憐な花は清流を証明する

町を流れる地蔵川は、居醒の清水を水源とする湧水の川。水温は年間を通じ14度とほぼ一定で、バイカモが育つのに適している。漢字は梅花藻、キンポウゲ科。水の妖精といわれ、河川環境の指標とされる。水量の多い梅雨期は流れの中に沈み、夏、水量が減ると白い花をつけた茎が顔を出す。見ごろは7〜8月。遅いときは9月中旬まで見られる。観賞ポイントは問屋場周辺など。

5弁の花びらが梅花のよう

❸居醒の清水
いさめのしみず

醒井の由来はこの湧水

東国征伐を終え、戻る途中の日本武尊は、伊吹の山の神との戦いで大氷雨に襲われ、病に倒れた。その高熱をこの清水で癒したところ熱がひいたという。『更級日記』、『十六夜日記』、『東関紀行』など、古典文学や歌にしばしば登場。平成の名水百選にも選ばれている。

☎0749-58-2227(米原市商工観光課)　住米原市醒井58
料見学自由　MAP P118B2

石垣の間などから湧き出る水。幾多の旅人の心身を癒してきた

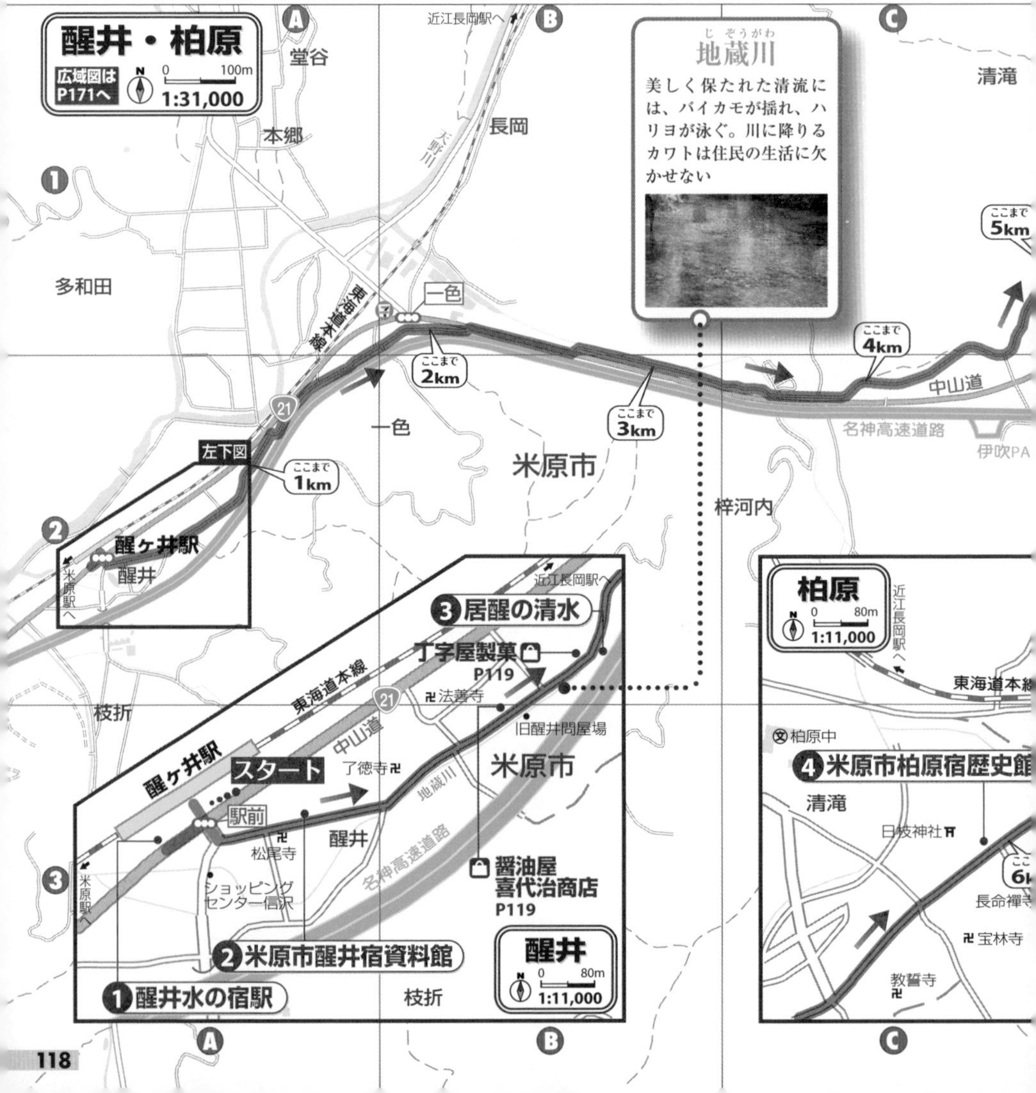

醒井・柏原
広域図はP171へ
N　0　100m
1:31,000

堂谷
近江長岡駅へ
長岡
本郷
清滝

❶ 多和田

地蔵川
美しく保たれた清流には、バイカモが揺れ、ハリヨが泳ぐ。川に降りるカワトは住民の生活に欠かせない

ここまで
5km

ここまで
2km

ここまで
3km

ここまで
4km

一色

21

一色

左下図
ここまで
1km

米原市

名神高速道路

伊吹PA

中山道

❷ 醒ヶ井駅
醒井

梓河内

近江長岡駅へ

❸居醒の清水
丁字屋製菓
P119
法善寺

旧醒井問屋場

柏原
N　0　80m
1:11,000
近江長岡駅へ

東海道本線

東海道本線
中山道
21
了徳寺

米原市

❹米原市柏原宿歴史館
柏原中
清滝

スタート
醒ヶ井駅
駅前
松尾寺
醒井
地蔵川

日枝神社

名神高速道路

醤油屋
喜代治商店
P119

❸
ショッピング
センター一色

❷米原市醒井宿資料館

醒井
N　0　80m
1:11,000

枝折

長命禅寺
宝林寺
教覚寺

❶醒井水の宿駅

A　B　C

伊吹もぐさの店に勤めていた番頭さんが、福助人形のモデル

イベント活動にも使われる母屋とその庭

④ 米原市柏原宿歴史館
まいばらしかしわばらしゅくれきしかん

建物も中身も貴重

国の登録有形文化財である建物を利用し、中山道60番目の宿柏原に残る萬留帳や絵図などを展示。江戸中期の柏原宿には、本陣、脇本陣各1軒、旅籠22軒が並んでいたという。併設する喫茶柏では、名物「やいとうどん」などの軽食も食べられる。

☎0749-57-8020 ⓐ米原市柏原2101 ⓑ9:00~17:00
ⓒ入館300円 ⓓ月曜(祝日の場合は翌日)、祝日の翌日(祝日が土・日曜の場合は火曜) MAP P118C3

醒井・柏原

複雑な屋根をもち、内部は贅を尽くした建物。大正6年(1917)に建てられた

おさんぽの途中に! 立ち寄りショップ

🏠 醤油屋喜代治商店
しょうゆやきよじしょうてん

清水が育んだ風味高き醤油

明治39年(1906)創業、昔ながらの製法で醤油の製造販売を行う。ヤマキこいくち金印醤油1ℓ464円は香り高くまろやかな口当たりで、どんな料理にも合うという優れもの。

☎0749-54-0025
ⓐ米原市醒井370
ⓑ9:00~19:00
ⓒ第1・3日曜 MAP P118B3

🏠 丁子屋製菓
ちょうじやせいか

彦根藩御用達だった醒井餅

幕府への献上品でもあった醒井餅は、滋賀産羽二重餅米と醒井の清水で作られるかき餅で、1枚120円。春~夏は梅花藻ソフトクリーム320円や名水まんじゅう140円も。

☎0749-54-0128
ⓐ米原市醒井392
ⓑ9:00~19:00
ⓒ水曜 MAP P118B2

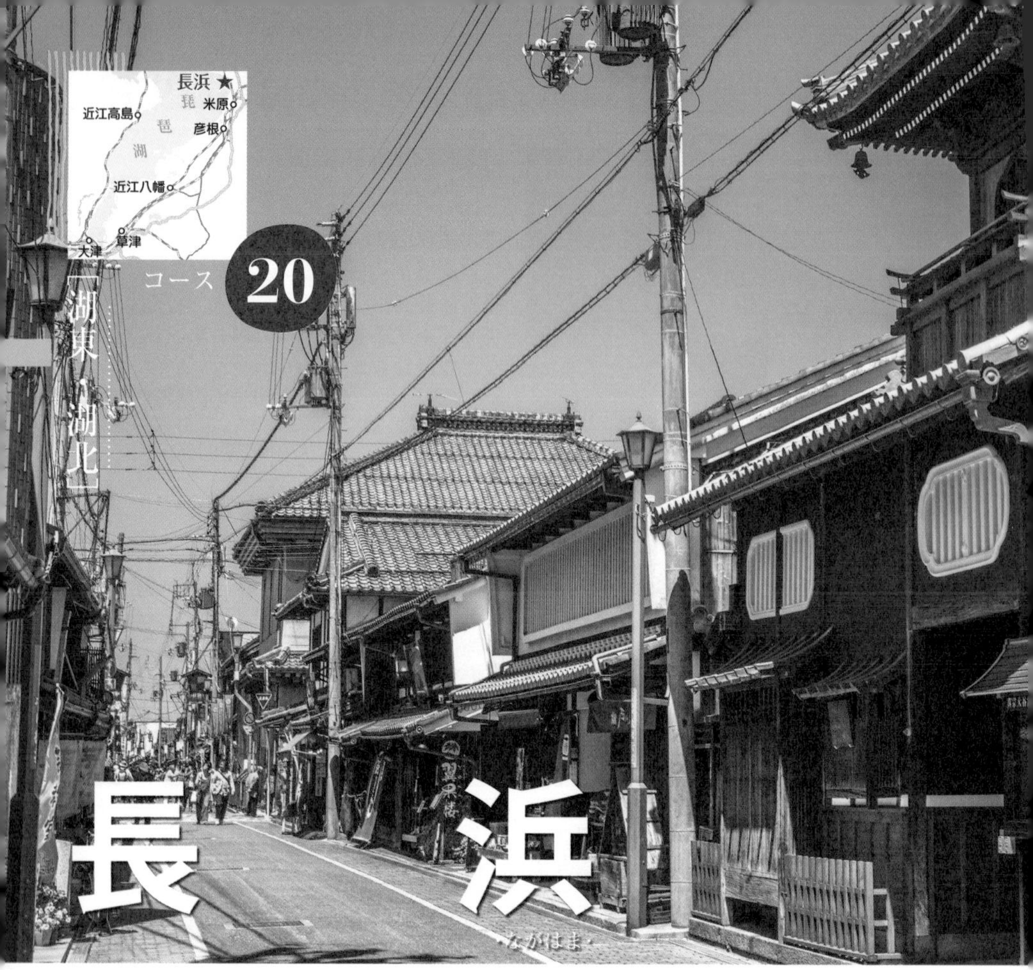

長浜
琵
琵
湖
米原
彦根
近江高島
近江八幡
草津
大津

コース 20

「湖東・湖北」

長浜

・ながはま・

歩く時間 >>>約1時間10分　歩く距離 >>>約4.6km

1日コース START

長浜駅 ≫ 1 長浜城 ≫ 2 長浜鉄道スクエア ≫ 3 成田美術館 ≫

JR 北陸本線

徒歩5分

(所要45分)

徒歩20分

(所要30分)

徒歩7分

(所要30分)

徒歩10分

200m >
100m >
高低差 0m >
1
2
長浜駅
距離 > 1km
> 2

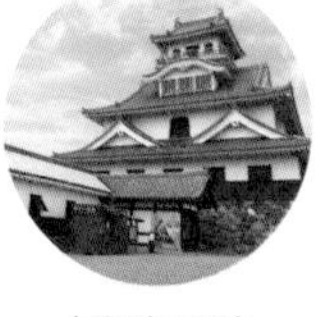

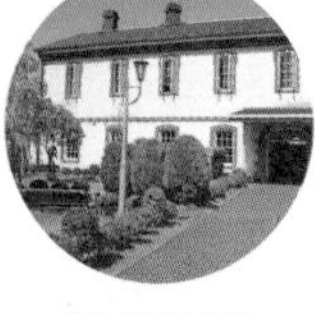

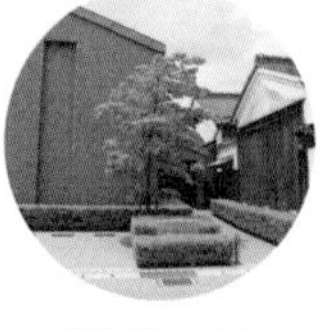

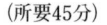

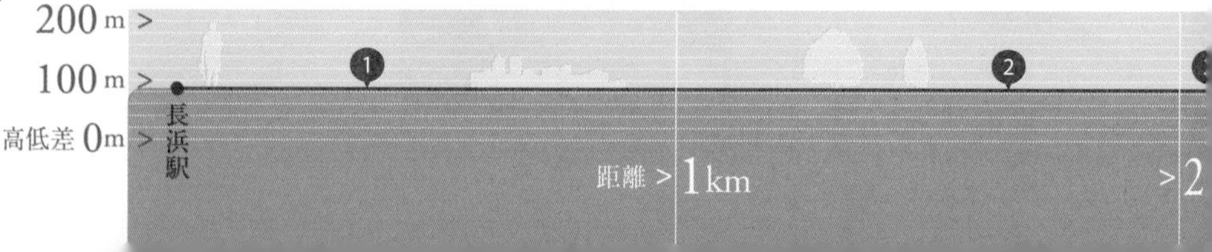

大通寺へ続く門前町の趣ある風景

琵琶湖の水景色を眺め 北国街道を歩く

長浜(今浜)は古代から港が設けられ、中世に婆娑羅大名で名高い佐々木道誉が城を築いていた要衝の地。その後、羽柴秀吉の城下町として栄えたが、豊臣家が滅亡し長浜城が廃されたあとは、大通寺の門前町となり、北国街道と琵琶湖水運の拠点として発展をみた。そうした趣深い街道の面影が色濃く残る町並みが今も続いている。なかでも長浜城の大手門から岐阜の谷汲山華厳寺へと通じる谷汲街道と北国街道が交差するあたりは、江戸時代から町の中心地。明治時代、その江戸情緒を残す一角に建てられた銀行の建物は、洋風土蔵造に黒漆喰の壁という和洋折衷で町の人々を活気づけ、「黒壁銀行」という愛称で親しまれた。江戸情緒と文明開化のイメージが重なるノスタルジックな古い町並みに、ガラスアートの輝きが、長浜の魅力を一段と引き出している。

おさんぽアドバイス

長浜城から長浜鉄道スクエアへは来た道を引き返せば10分もかからないが、せっかくなので琵琶湖沿いの道を散策して向かいたい。黒壁スクエア一帯はみどころが多いが、大通寺門前町の雰囲気も味わいたい。

長浜

●おすすめ季節 >>>春🌸 秋🍁 冬❄(1月下旬~3月上旬)

④ 黒壁スクエア		⑤ 曳山博物館		⑥ 大通寺		⑦ 知善院		GOAL 長浜駅
(所要60分)	徒歩3分	(所要30分)	徒歩4分	(所要40分)	徒歩4分	(所要20分)	徒歩12分	JR 北陸本線

④ ⑤ ⑥ ⑦

>3km

>4km

長浜駅

❶ 長浜城（長浜城歴史博物館）

ながはまじょう（ながはまじょうれきしはくぶつかん）

秀吉の出世が始まった城

浅井長政の小谷城攻めで戦功をたてた秀吉が初めてもった城。天正5年(1577)ごろ完成し、秀吉は地名を「長浜」に改めて、天正10年まで在城した。城は豊臣家の滅亡とともに破壊されたが、昭和58年に再興され、内部は長浜城歴史博物館として公開されている。

☎0749-63-4611　🏠長浜市公園町10-10　💴410円
🕐9:00〜17:00　🚫無休（臨時休館あり）　🗺P122A2

琵琶湖を望む高台にある長浜城

長浜

広域図は P171へ　N　0　　100m
1:10,000

黒壁ガラススタジオ

オリジナルガラスを集めたショップ。工房を併設し、店内一面の窓越しに、ガラス職人による制作実演を見ることができる。

KBセーレン

茶広町

三ツ矢元町

❼ 知善院

三ツ矢大神宮
大通寺公園

神前町

❻ 大通寺

長浜赤十字病院

西本願寺
長浜別院

ここまで 4km

願養寺

卍善隆寺

❺ 曳山博物館

魚三 北国街道本店
P123

黒壁体験教室

gallery AMISU

カフェ叶匠壽庵

元浜町

大宮町

南呉服店

黒壁ガラス館

豊国神社

黒壁AMISU　MONOKOKORO

ここまで 3km

元浜町

高田町

長税務

鐘紡町

駅前

駅口

❹ 黒壁スクエア

海洋堂フィギュアミュージアム黒壁

長浜市

高田神社

鳥喜多本店
P123

長浜駅

秀吉と三成
出会いの像

浜湖月

公園町

ゴール

北船町

卍宗円寺
卍覚広寺

朝田町

三和

公園町南

スタート

❶ 長浜城

国民宿舎豊公荘

ここまで 2km

延長坊
北万年寺
北国街道

豊公園

北陸本線

慶雲館（けいうんかん）

長浜の豪商浅見又蔵が、明治天皇行幸の際に私財を投じて建てた迎賓館。作庭家の小川治兵衛による庭園もみどころ。

❷ 長浜鉄道スクエア

大島町

豊公園

長浜文化芸術会館

グリーンホテル
Yes長浜みなと館

貴船神社

琵琶湖

ホテル&リゾーツ長浜

ここまで 1km

港町

長浜ヨットハーバー

北ビワコホテルグラツィエ

ソコラ・デッレ・グラツィエ

港町

❸ 成田美術館

湖岸平方

米原駅へ

旧駅舎の内部は当時の面影を残して懐かしい

洋風2階建ての旧長浜駅舎が線路沿いにある

❷ 長浜鉄道スクエア
ながはまてつどうすくえあ

誰もが鉄ちゃんになりそう

明治15年（1882）に建てられた現存する日本最古の旧長浜駅舎は、洋風2階建てで駅長室や待合室など、当時の面影をそのまま残している。長浜鉄道文化館は鉄道資料や模型車両などを展示。北陸線電化記念館も併設する。

☎0749-63-4091　🏠長浜市北船町1-41
💴300円　🕘9:30〜17:00　🏠無休　MAP P122B3

❸ 成田美術館
なりたびじゅつかん

北国街道沿いの美術館

アールデコ様式のガラス工芸作家の巨匠ルネ・ラリックの作品を50点以上展示。ライティングを工夫することで、美しく幻想的なラリックの作品をより魅力的に見せている。

☎0749-65-0234　🏠長浜市朝日町34-24
💴800円　🕘10:00〜17:00　🏠月曜（祝日の場合は翌日）、臨時休館あり　MAP P122C3

上）古い家並みと現代的な美術館が調和
下）くつろげる休息室

長浜

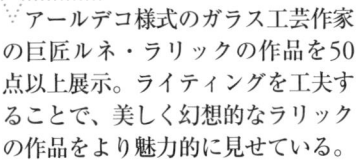

おさんぽの途中に！ 立ち寄りグルメ＆ショップ

🔵 鳥喜多本店
とりきたほんてん

地元で親しまれる町の食堂

店の代名詞ともいえる親子丼650円は半熟の玉子とじの上に、生の黄身をさらにトッピング。ダブル玉子の濃厚な味わいが人気。生玉子が苦手な人には煮て出してくれる。

☎0749-62-1964　🏠長浜市元浜町8-26　🕘11:30〜14:00、16:30〜19:00（土・日曜、祝日は時間短縮あり）　🏠火曜　MAP P122B2

🟤 魚三 北国街道本店
うおさん ほっこくかいどうほんてん

鮮度抜群、無添加加工が自慢

琵琶湖で獲れた淡水鮮魚をはじめ、小鮎、川エビなどを佃煮や惣菜に無添加で加工。自家製の鮒ずし、鰻の蒲焼、11〜3月には天然真鴨も販売。佃煮1パック540円〜。

☎0749-62-4134　🏠長浜市元浜町12-7　🕘8:30〜17:30　🏠火曜　MAP P122B1

（地図）
弘念寺
八幡東町
杏那院
長濱八幡宮宮前町
市役所前
図書館
長浜市役所
国道8号へ
高田町
西中

含山軒庭園
がんざんけんていえん

大通寺の含山軒の前に造られ、国の名勝に指定されている観賞式枯山水。伊吹山を借景とするので、含山の名が付けられた。

仏願寺　地福寺町
地福寺町
弥高町
平方町

④ 黒壁スクエア
くろかべすくえあ

古い町並みとガラスの魅力

　北国街道沿いにあって「黒壁銀行」の愛称で親しまれた和洋折衷の重厚な建物が、平成元年に「黒壁一號館・黒壁ガラス館」としてオープン。この黒壁ガラス館を取り囲むように、多くのガラスショップやギャラリーが軒を連ね、買物、ガラス作り体験などが楽しめる。

☎0749-65-2330(株式会社黒壁) 🅗長浜市元浜町 🅟施設により異なる 🕐🅧施設により異なる
MAP P122B2

黒壁一號館の黒壁ガラス館は北国街道沿い。明治33年(1900)に国立第百三十銀行長浜支店として建てられ、その姿から黒壁銀行と呼ばれた

黒壁ガラス館内部はきらめくガラスショップ

ガラス作り体験ができる黒壁体験教室

---

⑤ 曳山博物館
ひきやまはくぶつかん

迫力満点の祭りの臨場感に浸る

　曳山をもっている「山組」から曳山を預かり、2基ずつを3カ月交替で公開展示。曳山の舞台上で演じられる子ども歌舞伎(狂言)の様子が映像で見られる。また曳山の舞台模型に上って高さや広さなどを実感することができ、祭りの臨場感が味わえる。

☎0749-65-3300
🅗長浜市元浜町14-8
🅟600円 🕐9:00～17:00
🅧無休 MAP P122C1

曳山祭のすべてが見学できる

実物の曳山を展示する

華麗な曳山の曳行、子ども歌舞伎がみどころ

● 長浜曳山まつり
ながはまひきやままつり

4月13～16日を中心に約1週間にわたって行われる長浜八幡宮の例祭で、日本三大山車祭の一つ。豊臣秀吉が長浜を治めたときから始まったとされる。国の重要無形民俗文化財に指定され、ユネスコ無形文化遺産にも登録されている。なかでも一番のみどころは曳山舞台で行われる子ども歌舞伎。大人顔負けの演技が、祭りを大いに盛り上げる。

子ども歌舞伎が熱演される

⑥ 大通寺
だいつうじ

長浜御坊の名で有名

本願寺12世の教如上人の時代に、湖北の門徒衆が仏法を聴聞する道場として開いたのが始まり。伏見城の遺構という重要文化財の本堂や大広間、重厚な山門、長浜城の追手門を移築した脇門などがある。伊吹山を借景とする含山軒庭園、観賞式池泉庭園の蘭亭庭園もみどころだ。

☎0749-62-0054　⦿長浜市元浜町32-9
¥500円　🕐10:00〜16:00
休無休（冬期は拝観休止日あり）　MAPP122C1

長浜

歴史を感じさせる本堂と太鼓楼

貴重な襖絵や建物のある蘭亭の庭園

江戸後期の重厚な建築の山門は長浜市指定文化財

⑦ 知善院
ちぜんいん

城下町長浜の守護寺

天台真盛宗の寺院で、長浜城の搦手門を移したという山門がある。本堂の阿弥陀三尊の左手には、大坂城落城の折に持ち出した秀吉公の木像が祀られている。観音堂に安置する運慶作といわれる十一面観音像は重要文化財。

☎0749-62-5358　⦿長浜市元浜町29-10
¥300円　🕐9:00〜16:00　MAPP122B1

長浜城の遺構を移した山門

本尊そばに祀られる豊臣秀吉像

歴史を学ぶ

◎ 豊臣秀吉と石田三成の出会い

近江の石田村に生まれた三成が、米原の観音寺で修行をしていた小僧だったころのこと。長浜城主の秀吉が鷹狩りの途中に立ち寄ったところ、接待した三成が最初は大茶碗にぬるいお茶をたっぷり、次は前より少し熱くして半分の量を、最後に小さな茶碗で熱くしたお茶を出したという。この心配りに驚いた秀吉は、のちに三成を召抱えることにした。これが有名な「三献の茶」の逸話。

長浜駅前に立つ2人の出会い像

125

コース **21**

[湖東・湖北]

中世屈指の山城跡を歩く

小谷城跡周辺

おだにじょうあとしゅうへん

浅井長政と織田信長の最後の決戦の地となった小谷城。標高495mの小谷山一帯に築かれた山城で、石垣や土塁、曲輪跡などが残る。ゴールデンウィーク、紅葉期などの土・日曜、祝日は戦国ガイドステーションから中腹までバスが運行する。

● 歩く時間 >>>
約**3時間15分**

● 歩く距離 >>>
約**9.5km**

● おすすめ季節 >>>
春 🌸 (4〜5月) 秋 🍁

おさんぽアドバイス

急坂が多いコース。麓から小谷城本丸跡(標高350m)を経て山王丸跡(標高395m)まで上り。山歩きの装備で。

小谷城跡周辺

近江今津
近江高島
琵琶湖
小谷城跡周辺 ★
長浜
米原
彦根
近江八幡

小谷城跡周辺

広域図はP170へ
N 200m
1:21,000

丁野
小谷丁野町
小谷小
岡山
長浜市
小谷美濃山町

❸ **小谷城跡**

❹ **小谷城戦国歴史資料館**

六坊跡
山王丸跡
ここまで **6km**
本丸跡
ここまで **5km**
ここまで **4km**
湖北町伊部

小谷郡上町
ここまで **7km**
ここまで **3km**

北陸自動車道
湖北町山脇
小谷城スマートIC
365
郡上

長行寺
月光駅へ
北陸本線
河毛駅

❶ **浅井長政・お市像**
スタート
ゴール
ここまで **9km**
ここまで **8km**
ここまで **1km**
湖北町河毛
ここまで **2km**

郡上南
戦国ガイドステーション

❷ **小谷寺**

1日コース START 🚂

河毛駅
JR北陸本線
徒歩すぐ

❶ 浅井長政・お市像
徒歩5分
(所要5分)

❷ 小谷寺
徒歩40分
(所要15分)

❸ 小谷城跡(本丸跡)
徒歩65分
(所要60分)

❹ 小谷城戦国歴史資料館
徒歩60分
(所要30分)

GOAL 🚂

河毛駅
JR北陸本線
徒歩30分

500m
250m
高低差 0m
河毛駅 ❶
❷
❸
❹
河毛駅

距離 > 1km > 2km > 3km > 4km > 5km > 6km > 7km > 8km > 9km

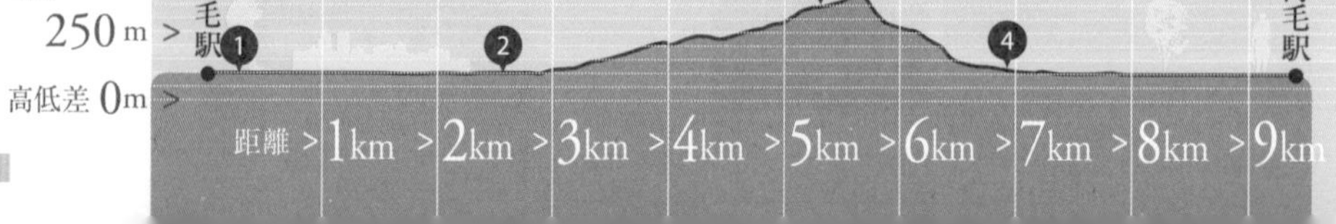

木立ちに包まれた参道

❶ 浅井長政・お市像
あざいながまさ・おいちぞう

戦国の激動期を生きた夫妻

長政は信長の妹・お市との婚姻で織田家と同盟を結び、浅井家の全盛期を築いた武将。しかし信長に攻められた旧恩ある朝倉家に加勢、ついに小谷城の戦いで滅亡するが、今も歴史ファンや地元からの支持は絶大。河毛駅前に顕彰する像がある。
☎0749-78-2280(河毛駅コミュニティハウス) 🏠長浜市湖北町山脇545 🕐見学自由 MAP P126A1

織田家との敵対後も、2人の関係は良好だったという

❷ 小谷寺
おだにじ

浅井氏のゆかり深く

奈良時代に山岳仏教の霊場として小谷山上に創建。小谷城が築かれたとき、山麓に移り、浅井氏の祈願所となった。小谷城落城時に焼失したが、のちに豊臣秀吉が現在地に再建した。本尊は半跏思惟の金銅如意輪観音像。
☎0749-78-0257 🏠長浜市湖北町伊部329 💰志納200円 🕐境内自由 MAP P126C1

❸ 小谷城跡
おだにじょうあと

浅井氏50年の壮大な城

小谷山の尾根から山麓にかけて、曲輪が縦に連なり、規模壮大な山城として国指定の史跡となっている。現在は石垣や建物の礎石に往時を偲び、竹生島や姉川古戦場などゆかりの地を眺望しながら城跡を巡ることができる。
☎0749-78-2280(河毛駅コミュティハウス) 🏠長浜市湖北町伊部(登山口) 🕐見学自由 MAP P126C1

桜馬場跡に立つ、浅井氏と家臣を悼む石碑

約3000㎡もある大広間跡から本丸跡へ。石垣が残る

浅井氏と小谷城をテーマとする資料館

❹ 小谷城戦国歴史資料館
おだにじょうせんごくれきししりょうかん

歴史や城ファンは必見

戦国の激動期を生きた浅井氏三代と、その居城小谷城を紹介するため、史跡小谷城跡と一体となった資料館として設立された。浅井久政、長政、お市の方の肖像画や、小谷城の絵図、出土品などを展示。城の全貌がよくわかる。
☎0749-78-2320 🏠長浜市小谷郡上町139 💰300円 🕐9:00～17:00 ❌火曜(祝日の場合は翌日) MAP P126C1

コース **22**

[湖東・湖北]

高月・木之本
長浜
近江今津
米原
近江高島　琵琶湖
彦根
近江八幡

高木　月之　本

たかつき・きのもと

●歩く時間 >>>約**3時間**　　　●歩く距離 >>>約**11.9km**

1日コース	START		❶ 渡岸寺観音堂（向源寺）	❷ 高月観音の里歴史民俗資料館	❸ 雨森芳州庵

高月駅

JR
北陸本線

徒歩10分　（所要30分）
徒歩2分　（所要30分）
徒歩30分　（所要20分）
徒歩25分

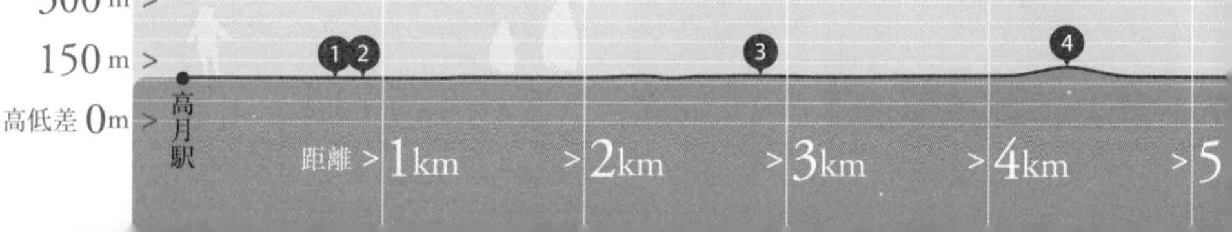

300m >
150m >
高低差 0m > 高月駅

距離 > 1km > 2km > 3km > 4km > 5

❶❷　　❸　　❹

雨森集落を流れる小川には、水車が回り、鯉が泳ぐ

湖北の里に佇む 十一面観音に会う

井上靖や白洲正子、水上勉らの作品に描かれ、脚光を浴びた数々の観音像。諸像は奈良や平安の昔に作られ、戦火に遭いながらも村人が地中に埋めるなどして、大切に守ってきた。渡岸寺観音堂の国宝仏や石道寺、己高閣に祀られる十一面観音像。数奇な運命をたどった像は、優しさや慈愛に満ちている。十一面観音像だけでなく、今に残る仏像の多くは、己高山一帯に点在していた古代仏教寺院に祀られていたといわれる。そこからは湖を挟んで東西の山々を霊地と見る思想が感じられる。湖東に立つ観音像は、琵琶湖の方を向いて立っていると、井上靖の『星と祭』に記される。高月や木之本に残る十一面観音たちは、私たちに何を語りかけてくれるのだろう。途次、雨森芳洲庵を訪ね、鎖国下の江戸時代に、東アジア外交に活躍した偉人に出会うこともすすめたい。

おさんぽアドバイス

コースの途中に立つ案内板を見逃さないように歩くと、道に迷う心配はない。道はほぼ平坦だが、高野大師堂、石道寺への道と、新椿鳥坂トンネルに向かう道が登り坂。トンネル内は歩道が設けられているが、300m以上あるから注意して通り抜けたい。

● おすすめ季節 >>> 春🌸（4〜5月）　秋🍁

④ 高野大師堂		⑤ 石道寺		⑥ 己高閣・世代閣		⑦ 木之本地蔵院		GOAL 木ノ本駅
	徒歩35分		徒歩20分		徒歩50分		徒歩5分	JR 北陸本線
（所要20分）		（所要20分）		（所要30分）		（所要20分）		

⑤ 6km ⑥ 7km 8km 9km 10km ⑦ 11km 木ノ本駅

高月・木之本

広域図は P170へ

N　0　200m
1:30,000

木之本町
黒田
田上山
木之本町
木之本
赤川

木之本町川合
佐波加刀神社 ⛩
川合ドンネル
中ノ谷

6 己高閣・世代閣

🍴 己高庵 P133
木之本町古橋

ここまで
9km

🏠 山路酒造 P133

ゴール
木ノ本駅
ここまで
11km

7 木之本地蔵院

303

伊香高

ここまで
10km

東横町

新福鳥坂トンネル

ここまで
8km

古橋鶏足寺案内所

卍 鶏足寺

ここまで
7km

5 石道寺

⛩ 神前神社

ヤンマー
奈良駅へ

平和堂
長浜市役所
北部振興局

木之本
木之本中

つるやパン
P133

木之本町
田部

木之本町
洞戸

長浜市

⛩ 高時小

木之本町石道

木ノ本IC

木之本町
廣瀬

田部東

木之本大橋

303

千田北
木之本町千田

石作神社前

千田

尾山安楽寺釈迦堂

白山神社の隣に立つ収蔵
庫に、重文の釈迦如来坐
像と大日如来坐像を安
置。拝観は要予約、長浜
観光協会北部事務所へ。

立法寺 卍

高月町尾山

高時川

木之本町小山

高月町保延寺

冨永橋

ここまで
5km

木之本町
唐川

北近江リゾート

七郷小

横山

横山

北陸自動車道

高月町井口

北陸本線

雨森観音寺
無動寺 卍

ここまで
3km

ここまで
4km

4 高野大師堂

⛩ 高野神社

高月町横山

高月町柏原

柏原

天川命神社 ⛩

雨之森橋

3 雨森芳洲庵

高月町雨森

ここまで
2km

高月町高野

365

8

高月町東物部

物部口

高月図書館

高月駅の近くに立つ。館
内に井上靖の作品や遺品
を集めた記念室があり、
氏と地元の人々との交流
も紹介している。

1 渡岸寺観音堂（向源寺）

ここまで
1km

長浜市役所
高月支所

高月小

高月町渡岸寺

高月町馬上

下山田

高月駅

高月総合案内所

スタート

高月町落川

阿弥陀川

阿弥陀橋

365

**2 高月観音の里
歴史民俗資料館**

高月町高月

高月町森本

A　ダイチュウ

B　河毛駅・長浜駅へ

C

❶ 渡岸寺観音堂（向源寺）
どうがんじかんのんどう（こうげんじ）

日本屈指の十一面観音に会う

国宝の十一面観音立像（→P8）を収蔵庫に安置する。奈良時代に泰澄が刻んだという像で、戦国の兵火で寺が焼失した際には、住職と門徒衆が土中に埋めて難を逃れさせたと伝えられる。収蔵庫には重文の大日如来坐像なども安置されている。

上）気高く慈愛あふれる顔、やや腰をひねった動きのある姿態で魅了する十一面観音像

収蔵庫の外観

阿弥陀如来坐像を祀る本堂

☎0749-85-2632
🏠長浜市高月町渡岸寺50
🕐9:00～16:00
💰500円　MAP P130B4

1階展示室。湖北地方に伝わる観音像や神像などを紹介している

❷ 高月観音の里 歴史民俗資料館
たかつきかんのんのさとれきしみんぞくしりょうかん

湖北地方の文化や歴史を紹介

「観音の里」として知られる湖北地方の歴史・文化を紹介する資料館。1階展示室では、長く受け継がれてきた貴重な仏像や文化財を展示している。また2階展示室では、雨森芳洲をはじめ地域ゆかりの人物や信仰文化などに関する特別陳列を随時開催。

観音について学べる

☎0749-85-2273
🏠長浜市高月町渡岸寺229　🕐9:00～17:00　🗓火曜、祝日の翌日　💰300円
MAP P130B4

豆知識

井上靖『星と祭』
いのうえやすし『ほしとまつり』

向源寺に文学碑が、図書館には記念室がある

昭和46年『美しきものとの出会い』で、井上靖は渡岸寺観音堂の十一面観音を取り上げた。同じ年から朝日新聞に『星と祭』を連載。娘を亡くした主人公が近江の十一面観音を巡ることで救われる物語で人気を集めた。

井上靖記念室　☎0749-85-4600　🏠長浜市高月町渡岸寺115（長浜市立高月図書館内）　💰無料　🕐10:00～18:00　🗓月・火曜、月末の木曜　MAP P130B4

「慈眼秋風湖北の寺」と記す

❸ 雨森芳洲庵
あめのもりほうしゅうあん

芳洲の志を継ぐ活動の拠点

地元の人々の熱意で建てられた書院造風の芳洲庵。芳洲手作りの朝鮮語の辞典など、子孫から寄贈された著作、遺品を中心に、朝鮮通信使の資料なども展示。東アジアとの交流会や講座開催など友好活動も展開している。

☎0749-85-5095
🏠長浜市高月町雨森1166
💴300円 🕐9:00～16:00 🈺月曜、祝日の翌日
MAP P130B3

「湖北の村からアジアが見える」と記された入口

集落の奥、高野神社に隣接する薬師堂

薬師堂の左側、石段上に立つ大師堂

❹ 高野大師堂
たかのだいしどう

写実的な鎌倉彫刻の大師像

行基が開き、最澄が中興した己高山の寺、満願寺があった所という。現在は薬師如来を本尊とする薬師堂と、重文の伝教大師坐像を祀る大師堂のみ。

☎0749-82-5909(長浜観光協会北部事務所) 🏠長浜市高月町高野 💴200円 🕐「高月観音の里ふるさとまつり」開催日のみ拝観可 MAP P130C3

紅葉に包まれる本堂。雪深い里に観音像が守られてきた

❺ 石道寺
しゃくどうじ

美しい十一面観音像を祀る

旧寺は1km東にあったが、明治2年(1869)再建の本堂をのちに麓に移した。須弥壇の厨子に、井上靖が『星と祭』のなかで、素朴で優しくて惚れ惚れするような村娘の姿と表現した、平安時代の十一面観音像(重文。→P9)を安置。

☎0749-82-3730 🏠長浜市木之本町石道 💴300円 🕐9:00～16:00 🈺月～金曜(祝日の場合は拝観可、11月は無休)、1・2月 MAP P130C2

歴史を学ぶ

◎ 善隣外交の誠を尽くした国際人・雨森芳洲

芳洲は寛文8年(1668)、雨森郷の医師の子として生まれ、18歳で江戸に出て木下順庵の門に入り儒学を学んだ。鎖国下の江戸時代、唯一正式な国交を結んでいた朝鮮との窓口だったのが対馬藩。

芳洲は順庵の推挙で22歳のとき、対馬藩に仕え、外交交渉や貿易に携わった。来日した朝鮮通信使は彼の学識や語学力、人柄を高く評価。没後も朝鮮使節は彼の屋敷前で畏敬の念を表したという。

88歳と長寿だった芳洲晩年の像

⑥ 己高閣・世代閣
ここうかく・よしろかく

100体近い仏像、宝物を収蔵

明治41年（1908）に廃寺となった己高山諸寺に祀られていた仏像や文化財を収納する。己高閣には十一面観音立像（重文。→P9）や七仏薬師如来立像など、世代閣には薬師如来立像、十二神将立像（ともに重文）などを安置。

☎0749-82-2784（鶏足寺案内所）
🚩長浜市木之本町古橋　🎫500円　🕐9:00〜16:00
🏖月曜、1・2月　MAP P130C1

己高山鶏足寺の本尊十一面観音立像などを安置する己高閣

秘仏の地蔵菩薩像を安置する地蔵堂。参拝者が絶えない

高さ6mの地蔵大銅像

⑦ 木之本地蔵院
きのもとじぞういん

古くから続く地蔵信仰の寺

眼の仏様、延命の仏様として霊験あらたかという木之本地蔵菩薩を本尊とする。地蔵尊は秘仏のため拝観できないが、その姿を写した大銅像が境内に立つ。本堂下には戒壇巡りがあり、闇の中を手探りで参拝することができる。

☎0749-82-2106　🚩長浜市木之本町木之本944
🎫境内自由。戒壇巡り300円　🕐8:00〜17:00　MAP P130A2

おさんぽの途中に！ 立ち寄りグルメ＆ショップ

己高庵
ここうあん

己高山麓にある宿＆食事処

奥琵琶湖の観光拠点にもなる宿泊施設。泊り客でなくても利用できるレストランでは、季節の会席料理4400円〜や各種定食1100円〜、麺類660円〜などが味わえる。

☎0749-82-6020
🚩長浜市木之本町古橋1094
🕐レストランは11:00〜14:00
🏖月曜　MAP P130C1

山路酒造
やまじしゅぞう

北国街道木之本宿の名物

天文元年（1532）創業の老舗の蔵元。島崎藤村も愛飲した桑酒200㎖990円〜は餅米と麹、桑の葉を焼酎に漬け込んで造られる。自然な甘さと桑の葉の香りが女性にも好評。

☎0749-82-3037
🚩長浜市木之本町木之本990
🕐9:00〜18:00　🏖無休
MAP P130A1

つるやパン
つるやぱん

漬物をサンドした人気パン

創業から約70年。看板商品のサラダパン145円は、昔ながらのコッペパンに、マヨネーズで和えたたくあんを挟んだもの。ずっと人気を保ち続ける超ロングセラーだ。

☎0749-82-3162　🚩長浜市木之本町木之本1105　🕐8:00〜19:00（日曜は9:00〜17:00）
🏖無休　MAP P130A2

「琵琶湖」を知っていますか

滋賀県の面積の6分の1を占める琵琶湖。古くから人々の生活にも密接に関わってきた日本最大のこの湖を、さまざまな角度から眺めてみよう。

面積　670.25km²（東京ドーム14万個分）
周囲　235km
水深　平均41.2m、最大103.58m

誕生は約400万年前

琵琶湖が形成されたのは約400万年前。現在の三重県上野盆地周辺に「大山田湖」として誕生した。大山田湖はそれから少しずつ北上し、約40万年前に現在の琵琶湖の位置に達したと考えられている。

湖上交通と堅田湖族

琵琶湖は奈良や京都・大阪と地方を結び、また日本海と太平洋を繋ぐ交通路としての役割を果たしてきた。その湖上交通の特権を握っていたのが、「堅田湖族」とも呼ばれた堅田の住人。彼らは京都・下鴨神社の御厨の供御人として漁業権、通行権を掌握。二葉葵を旗印に、特権を侵す者には武力で対抗した。強力な水軍と豊かな経済力をもつ堅田湖族には、織田信長も羽柴秀吉も対策に苦心したという。

水鳥たちの楽園

広大な琵琶湖は水鳥たちの楽園でもあり、冬にシベリアから飛来するコハクチョウなどは季節の風物詩として親しまれる。湖北水鳥公園（地図P170A3）、高島市新旭水鳥観察センター（地図P173E4）などで観察できる。

湖底遺跡は100カ所以上

琵琶湖には100カ所以上の湖底遺跡や水没村伝承地があるという。これらは琵琶湖の水位の変化や地殻変動で湖に沈んでしまったらしい。有名な葛籠尾（つづらお）湖底遺跡からは、縄文時代〜平安時代の土器類が発見されている。

ヨシの効用は？

湖岸に広がるヨシの群落は、万葉歌にも詠まれている琵琶湖の原風景。ヨシは水鳥や魚の命を育む場であるとともに、湖の水質浄化、湖辺の侵食防止などの働きもある。ヨシ原は戦後大きく減少したが、近年再生を目指す取り組みが進行している。

湖に浮かぶ3つの島

竹生島 ちくぶしま

琵琶湖の北部、近江今津から約10kmに浮かぶ。周囲約2kmの小島だが、古来「神の島」とされ、西国三十三所観音霊場の宝厳寺などがあり、参詣客が絶えない。今津、長浜、彦根から船で訪ねられる。
 **P173F4**

沖島 おきしま

近江八幡市の沖合約1.5kmに位置。面積は約1.53km²で、琵琶湖の島で最大。人口は約300人。湖の島に人が住んでいるのは世界的に珍しい。近江八幡の堀切港から船で。
 **P167D3**

流出河川は1本のみ

琵琶湖に流れ込む川は野洲川、日野川、姉川、安曇川など100本以上あるが、琵琶湖から流れ出る川は、ただ一つ瀬田川のみ。この川は下流へ行くと、宇治川、淀川と名を変えて大阪湾に注いでいる。

約50種の固有種が生息

琵琶湖には1000種以上の動植物が生息。そのうち固有種は約50種。よく知られているのはホンモロコや鮒ずしの材料になるニゴロブナ、美味でも知られるビワマス、最大全長1.2mを超えるビワコオオナマズなどだ。

多景島 たけしま

彦根市の沖合約6.5kmに浮かぶ。周囲0.6kmの島全体が断崖絶壁。見る方向によりさまざまな景色を見せるのが名の由来とか。彦根から遊覧船が運航されている。
P171A5

［近江 琵琶湖 若狭］
湖西・小浜

琵琶湖と比良山地に挟まれた自然豊かな湖西線沿い。
古社寺の多い小浜は「海のある奈良」とも呼ばれる

近江聖人の里から古代伝承の世界へ

[湖西・小浜] コース **23**

安曇川★
近江高島。　米原。
琵琶湖　彦根。
近江八幡α
草津
大津

安曇川
・あどがわ・

● 歩く時間 >>>
約**2時間20分**

● 歩く距離 >>>
約**8.6km**

● おすすめ季節 >>>
春🌸　秋🍁

郷 土が産んだ偉人・中江藤樹(なかえとうじゅ)にまつわる旧跡を中心に探訪する。藤樹記念館・藤樹神社・陽明園がひとまとまり、藤樹墓所・藤樹書院跡がまたひとまとまりである。そこから謎の多い継体天皇(けいたい)に関係する遺跡(御陵)にまで足を延ばす。その途中、式内社の箕島神社(みしま)や藤樹生誕地なども通ることになる。

（ おさんぽアドバイス ）

JR安曇川駅が起点と終点。彦主人王御陵は丘陵に位置し、田中神社から長い上り坂。付近には関連史跡もある。

半日コース　START

安曇川駅 ≫ ① 近江聖人中江藤樹記念館 ≫ ② 藤樹神社 ≫ ③ 藤樹書院跡 ≫ ④ 彦主人王御陵 ≫ GOAL 安曇川駅

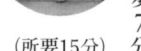

JR湖西線　徒歩20分　(所要30分)　徒歩1分　(所要15分)　徒歩7分　(所要30分)　徒歩70分　(所要10分)　徒歩40分　JR湖西線

200m
100m
高低差 0m

安曇川駅　安曇川駅

距離 > 1km > 2km > 3km > 4km > 5km > 6km > 7km > 8km

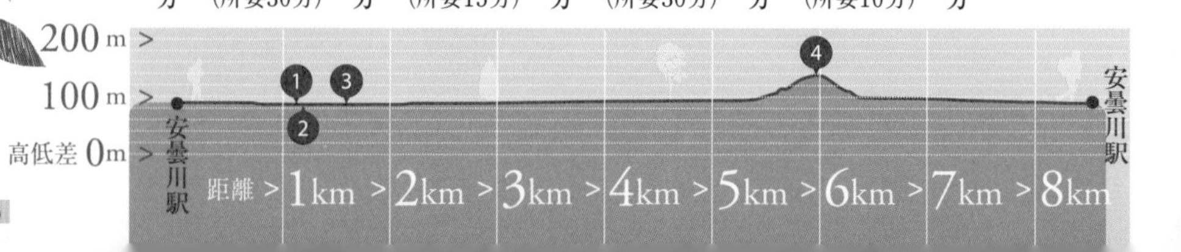

安曇川

広域図は P166へ

1:21,000 N 0 200m

安曇川町下古賀

大荒比古神社

保福寺

新旭町熊野本

新旭町安井川

新旭町安井川

(一)
(二)
(三)

新旭町北畑

新旭町新庄

(二)(一)

安井川

近江今津駅へ→

新旭町新庄

湖西自動車教習所

安曇川町常磐木

高島市

健康の森梅ノ子運動公園

④ 彦主人王御陵

ここまで 6km

ここまで 7km

三尾神社旧跡「安産もたれ石」

田中神社

田中

ここまで 5km

稲荷神社

安曇川中

安曇川町五番領

五番領

安曇川町西万木

丸三旅館

安曇川高

船木口

青柳北

③

安曇川町青柳

陽明園

ようめいえん

陽明学日中友好交流のシンボル。庭の「太湖石」や塀の「龍瓦」など、そのほとんどが中国の材料を用いて建設された。

安曇川大橋

②

高島市役所安曇川支所

ここまで 8km

日吉神社

道の駅 藤樹の里あどがわ P139

西万木

安曇川局

(一)〒

スタート

ゴール

南市

藤樹「生誕の地」碑

ここまで 4km

(四)

安曇川町中央

(一)

安曇川駅口

すいた扇子 P139

青柳

青柳小

安曇川町田中

藤樹墓所

とうじゅぼしょ

天台真盛宗玉林寺門前にある。石柵に囲まれ、儒式土盛の前に各々墓石が立ち、中江藤樹とその母、三男常省が眠る。

安曇川駅

(三)

安曇川町末広

(四)

キリン堂

平和堂(S)

161

藤樹神社口

青柳

攀桂堂 P139

ここまで 1km

安曇川町田中

武内箕島神社

湖西線

AVXジャパン

信光寺

ここまで 3km

安曇川町三尾里

③ 藤樹書院跡

安曇川町上小川

ここまで 2km

玉林寺

④

② 藤樹神社

① 近江聖人 中江藤樹記念館

高島市長知家

近江高島駅へ→

鴨川

137

❶ 近江聖人 中江藤樹記念館
おうみせいじん なかえとうじゅきねんかん

藤樹書院宝物を展示

昭和63年、藤樹生誕380年記念事業で建設された市の施設。藤樹書院の宝物を主とし、中江藤樹の遺品や遺墨に加え、藤樹研究関係者の資料なども展示する。館の背後には中国式庭園の「陽明園」が造られている。

江戸初期の儒学者で、日本における陽明学の祖といわれる中江藤樹の遺品を展示

☎0740-32-0330　🚉高島市安曇川町上小川69　💰300円　🕐9:00〜16:30　🈺月曜(祝日の場合は開館)、祝日の翌平日　MAP P137C4

各種展示で藤樹の足跡をたどることができる

陽明学の祖・王陽明の生地である中国余姚産の花崗岩で造られた、王陽明の等身大の石像

第一鳥居。扁額の字は東郷平八郎筆

❷ 藤樹神社
とうじゅじんじゃ

全国からの寄付で創立

中江藤樹を祭神として大正11年(1922)に浄財で創立。寄付者は中国や朝鮮にまで及んだ。境内に顕彰碑、庚申塚、ガマ(オガタマノキ)の巨木など。社宝の「わが敬慕する人物中江藤樹」は香淳皇后(昭和天皇后)の学生時代の作文。

☎0740-33-7101(びわ湖高島観光協会)　🚉高島市安曇川町上小川　🕐境内自由　MAP P137C4

歴史を学ぶ

◎謙虚な態度で人々を感化した中江藤樹

名は原。藤樹は雅号ではなく居宅の藤古木にちなむ尊称。朱子学、陽明学を学び日本陽明学の祖といわれるが、学問を単なる知識としてではなく、「心の穢れを清く、身の行いをよくする」手段と捉え自ら実践した。傑出した教育者で熊沢蕃山など多くの門弟を育て村人にも感化を及ぼした。その教えと人徳から近江聖人と慕われる。41歳の若さで病没。戦前の教科書の「孝」の挿話で名高い。

道の駅「藤樹の里あどがわ」の母子孝養像

扁額「致良知」など、藤樹直筆の書も見られる

❹ 彦主人王御陵
ひこうしおうごりょう

古代天皇に関わる墓

古墳名は王塚古墳。陵墓参考地で、第26代継体天皇の父、彦主人王の墓とされ、直径58m。継体天皇の母は垂仁天皇五世孫の振媛。高島で三つ子を出産したと伝えられる。その産屋という三尾神社旧跡も近い。

☎0740-33-7101（びわ湖高島観光協会）
🏠高島市安曇川町田中1877-1
🕐参拝自由　MAP P137A2

❸ 藤樹書院跡
とうじゅしょいんあと

再建された私塾跡

書院建物。原型は記念館の展示模型で見られる

中江藤樹が生家に開いた私塾跡で、近世私塾の先駆け。藤樹没後も門人による講話が続けられた。明治13年（1880）に焼失したが2年後に再建、藤樹の遺品などを展示する。遺愛の藤の古木も残る。隣接の休憩所、高島市良知館では藤樹の教えをパネル解説。国史跡。

☎0740-32-4156
🏠高島市安曇川町上小川225-1
🕐無料　⏰9:00～16:30
📅無休　MAP P137C4

40数基ある王塚・田中古墳群中、最大規模

おさんぽの途中に！

立ち寄りグルメ＆ショップ

🚗 道の駅 藤樹の里あどがわ
みちのえき とうじゅのさとあどがわ

みやげも食事もおまかせ

地元の特産品が勢揃い。レストランは2軒あり、「農家レストラン 大吉Grill牧場」では近江牛のビーフハンバーグ定食1529円などを味わえる。
☎0740-32-8460　🏠高島市安曇川町青柳1162-1　⏰9:00～18:00（大吉Grill牧場は11:00～18:00LO）　📅第2水曜（4・8・11月は無休）　MAP P137C4

🏠 すいた扇子
すいたせんす

高島扇骨を使った近江扇子

伝統産業の高島扇骨を使い、近江八景などを描いた近江扇子を製造販売。夏扇子1320円～、飾り扇子2090円～。オリジナル扇子が作れる絵付け体験2100円も行う（要予約）。
☎0740-32-1345
🏠高島市安曇川町西万木62
⏰9:00～18:00　📅不定休
MAP P137C4

🏠 攀桂堂
はんけいどう

15代続く筆匠の老舗

元和元年（1615）創業。筆の腰を和紙で巻き固める、日本古来の伝統技法で作られた紙巻筆「雲平筆」は弾力性に富み、書道家たちに愛用される逸品。水筆、半紙、硯なども扱う。
☎0740-32-0236
🏠高島市安曇川町上小川90-6
⏰8:30～18:00　📅日曜
MAP P137C4

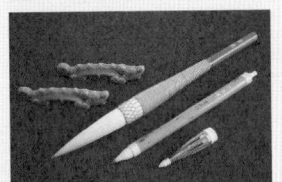

安曇川

コース **24**

近江八幡α

高島★
琵琶湖
米原●
彦根●

大津
草津

「湖西・小浜」

高　島
·たかしま·

●歩く時間 >>>約**2時間20分**　　●歩く距離 >>>約**9.5km**

半日コース START

近江高島駅

|JR
湖西線|

徒歩10分

❶
日吉神社

（所要10分）

徒歩5分

❷
近藤重蔵の墓

（所要10分）

徒歩45分

❸
高島歴史民俗資料館

（所要20分）

徒歩3分

200m
100m
高低差 0m

近江高島駅

距離 > 1km　> 2km　> 3km　> 4km

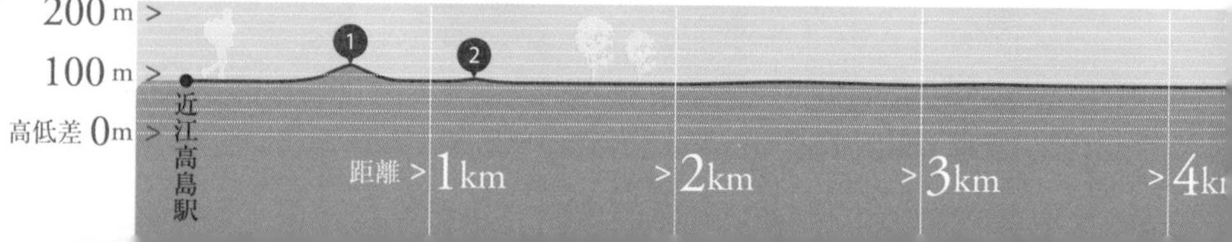

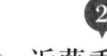

穏やかな湖面に映る
歴史ロマンの影

乙女ヶ池

乙女ヶ池畔に立つ万葉歌碑と
その解説碑

高島は京と北陸を結ぶ北陸道が通り、良港の勝野津（大溝港）があるなど古代から水陸交通の要衝だった。古墳時代の遺跡も多い。『万葉集』に高島を詠んだ旅の歌があり、歌碑が高島各所に設置されている。中世以降は領有関係が複雑で、江戸初期に分部氏が大溝藩主となってようやく安定。大溝城旧三の丸付近から西に陣屋を構え、町割も整備した。大溝城関係で唯一残っている建物遺構の総門から南が武家屋敷地、北が町人町だった。長刀町、伊勢町、江戸屋町、舟入町、職人町、紺屋町、蝋燭町などの名が今も残る。大溝藩2万石は明治まで12代250年続いた。現在の高島は「歴史に育まれた暮らしと出会えるまち」を目指し、高島びれっじはその具体化。今回は江戸時代を中心に古代の故地や遺跡を交えつつ巡るが、常に琵琶湖畔という立地を念頭におきたい。

おさんぽアドバイス

全般に平坦なコースだが、最初に訪ねる日吉神社の社殿は長い石段の先に立つので、足元に注意。町家や蔵の中に、さまざまな飲食店やショップが入っている高島びれっじは、足休めに絶好のポイントともなっている。

● おすすめ季節 >>> 春 🌸　秋 🍁

④ 鴨稲荷山古墳		⑤ 高島びれっじ		⑥ 勝安寺		⑦ 乙女ヶ池		GOAL 近江高島駅

④ 鴨稲荷山古墳

（所要10分）

徒歩45分

⑤ 高島びれっじ

（所要30分）

徒歩5分

⑥ 勝安寺

（所要15分）

徒歩20分

⑦ 乙女ヶ池

（所要15分）

徒歩10分

GOAL 近江高島駅

JR
湖西線

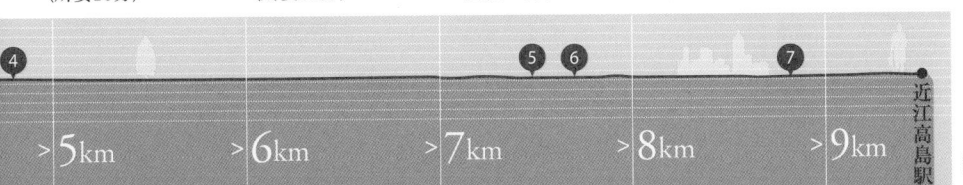
④ >5km >6km ⑤⑥ >7km >8km ⑦ >9km 近江高島駅

高島

広域図は
P166へ

N

0   100m

1:18,000

③ 高島歴史民俗資料館

④ 鴨稲荷山古墳

安曇川駅へ

志呂志神社

慈敬寺

ここまで
4km

ここまで
5km

鴨

鴨

鴨川

野田

町割り水路

まちわり すいろ

城下町の町割りの際、通りの中央に設けられた飲用・防火用の水路。水の豊かな高島ならではの町づくりの歴史を伝える。

宮野

フォーステック⑪

ここまで
3km

ここまで
6km

蛇川

161

和田村川

長田神社

長盛寺

浄勝寺

永田

音羽

高島運動公園

音羽

海洋センター前

湖西線

長田の郷碑

妙正寺

高島市

ここまで
7km

大溝陣屋総門

おおみぞじんや そうもん

分部氏の築いた大溝陣屋の正門。門内は「郭内」と呼ばれる。江戸期の大修理を経て今に残る、大溝城関連で唯一の遺構。

大炊神社

ここまで
2km

勝野

高島市役所
支所

高島図書室

三嶋稲荷
神社

小田川

高島変電所☆

福井弥平商店 P144

総本家 喜多品老舗
P144

高島局

萩の浜口

高島中

⑤ 高島びれっじ

勝野

② 近藤重蔵の墓

瑞雪禅院

高島小

⑥ 勝安寺

流泉寺

淡海堂 P144

びれっじ3号館

滋賀

分部氏墓所

わけべ し ぼしょ

大溝藩主分部家菩提寺の円光禅寺（円光寺）にある史跡。代々の藩主、奥方などの墓碑や五輪塔が整然と並ぶ。

円光寺

大善寺

ここまで
1km

ここまで
8km

恵美寿荘

高島駅口

大溝橋

城山台

近江高島駅

スタート

ゴール

高島市民病院

大溝城跡 P145

琵琶湖

① 日吉神社

城山台
（二）

ここまで
9km

万葉歌碑

⑦ 乙女ヶ池

161

堅田駅へ

Ⓐ   Ⓑ   Ⓒ

参道石段が非常に長いためか、一の鳥居下に遥拝所がある

❶ 日吉神社
ひよしじんじゃ

街を盛り上げる祭礼

平安初期に日吉大社から山王権現を勧請して創建。大溝城下の整備とともに復興したため大溝藩とのつながりが強く、祭礼（大溝祭）も分部氏の藩主時代に始まったと伝わる。神輿渡御に加え、5基の曳山が巡行する華麗な祭りは、高島の街を盛り上げる大イベント。

☎0740-33-7101（びわ湖高島観光協会）
⊕高島市勝野2166　⊕境内自由　MAP P142A4

❷ 近藤重蔵の墓
こんどうじゅうぞうのはか

悲運に倒れた探険者が眠る

近藤重蔵は蝦夷地探険で有名な幕臣。文武両道に秀で多くの著作を残す。晩年は不遇続きで長男の傷害事件に連座し絶家、大溝藩に幽閉の身となる。扱いは丁重で、病没するまで2年余の間に「江州本草」を著し、藩の子弟に学問をすすめるなど貢献した。

☎0740-33-7101（びわ湖高島観光協会）
⊕高島市勝野　⊕参拝自由　MAP P142A3

山裾に設けられた墓所

墓のある円光禅寺の塔頭・瑞雪禅院。墓所へは左手の参道を登る

入館無料なので気軽に立ち寄りたい

貴重な資料が並ぶ

☎0740-36-1553
⊕高島市鴨2239　⊕無料
⊕9:00～16:30　⊕月・火曜、祝日（5月5日、11月3日は開館）
MAP P142C1

❸ 高島歴史民俗資料館
たかしまれきしみんぞくしりょうかん

精選された陳列品は見ごたえあり

滋賀県指定史跡である鴨稲荷山古墳、鴨遺跡、大溝城跡などからの出土品やその復元模型を中心に、市内の歴史文化を語るさまざまな資料を展示する。なかでも鴨稲荷山古墳で出土した宝冠などの副葬品（復元品）は見ごたえがある。

❹ 鴨稲荷山古墳
かもいなりやまこふん

継体天皇関連の族長の墓か

明治35年（1902）に発見された6世紀ごろの前方後円墳。全長60m、周濠をもつ。後円部の横穴式石室から家形石棺や豪華な装飾品が出土し、継体天皇に妃を嫁がせた三尾氏に関連する古墳と考えられている。

墳丘上に石棺保存のための覆屋（施錠）があり、石棺実物を窓越しに見られる

☎0740-36-1553（高島歴史民俗資料館）
⊕高島市鴨　⊕見学自由　MAP P142C1

高島

❺ 高島びれっじ
たかしまびれっじ

個性豊かな店たちが集まる

中心市街地の活性化事業として始まった高島びれっじ構想。着々と整備が進み、古い町家や蔵を改装した1〜8号館の店舗がある。統一された外観なのに、個々の店はバラエティ豊か。そこがまた魅力である。

1号館。観光マップがもらえるほか、キャンドル作りを体験できる工房がある

各所に設置された案内地図

☎0740-36-1266
🏠高島市勝野1400
🕐店舗により異なる
🗺P142B3

高島びれっじのグルメ＆ショッピング

高島ワニカフェ
たかしまわにかふぇ

安全安心な地元食材の料理を

古い納屋を改装した居心地のいいカフェ。地元農家が育てた有機野菜や、琵琶湖の漁師が獲った湖魚などを直接仕入れ、素材の味を生かした料理に仕立てる。ランチセット1430円〜。

☎0740-20-2096 🏠高島市勝野びれっじ6号館 🕐11:30〜16:30LO（ランチは要予約）
🈳月曜（ほか不定休あり）

染色工房いふう
せんしょくこうぼういふう

プロの指導で体験もできる

京友禅伝統工芸士の中條弘之さんの工房。オリジナル1点ものの、墨流し染やグラデーションのシルクショール9000円〜などを買える。墨流し染ハンカチ体験教室1500円（2人〜、要予約）も開催。

☎0740-36-1266 🏠高島市勝野 びれっじ4号館 🕐10:00〜15:00 🈳月曜（祝日の場合は翌日）

セントラルベーカリー
せんとらるべーかりー

地元民に愛されるパン屋さん

築250年という商家を改装した2号館の一角にある。丁寧に手作りされるパンは、地元の人はもちろん、観光客にも喜ばれる。一番人気は自家製カスタードのクリームパン126円。

☎0740-36-0545 🏠高島市勝野 びれっじ2号館 🕐7:00〜17:00 🈳月・火曜

💬おさんぽの途中に！ 立ち寄りグルメ＆ショップ

🛍 総本家 喜多品老舗
そうほんけきたしなろうほ

湖国の味、鮒ずしの名店

創業は約400年前。琵琶湖の固有種である天然ニゴロブナだけを使い、昔ながらの製法で3年以上かけて熟成させる鮒ずしは、芳醇な香りとうま味をもつ。1尾入り5400円〜。

☎0740-20-2042 🏠高島市勝野1287 🕐10:00〜17:00 🈳月・木曜（祝日の場合は翌日）
🗺P142B3

🛍 福井弥平商店
ふくいやへいしょうてん

創業260余年の老舗酒蔵

「酔うためでなく、味わうための酒」を信条に、近江の良質な米と比良山系の伏流水でふくよかな銘酒を醸す。季節限定の蔵出し品も楽しみ。純米吟醸「里山」(生)720ml1650円。

☎0740-36-1011 🏠高島市勝野1387-1 🕐8:30〜17:30 🈳日曜、祝日、土曜不定休
🗺P142B3

🛍 淡海堂
おうみどう

天然醸造酢＆高島スイーツ

江戸期からの製法で作られる看板商品「淡海昔玄米」は米もろみを使ったまろやかな酢。200ml540円〜。地元産アドベリーを生かしたロールケーキ670円〜も大好評だ。

☎0740-36-0218 🏠高島市勝野1406-2 🕐9:00〜17:30 🈳水曜 🗺P142B3

❻ 勝安寺
しょうあんじ

大溝城と縁深い寺

大溝城総門前の寺。織田信澄の大溝入りとともに安曇川の田中郷から移された。そのとき、信澄の書院を拝領し本堂にしたと伝わる。2世住持の妻・感は浅井三姉妹の従姉妹にあたり、のちに水戸藩祖・頼房の乳母となったという。

☎0740-36-0124　🏠高島市勝野1238　🕐境内自由
MAP P142B3

織田信澄の書院だったという本堂

県有施設として水景整備された歴史とロマンの内湖

❼ 乙女ヶ池
おとめがいけ

城を守った外濠の内湖

東西150m、南北600mの細長い内湖。一帯は古代に、壬申の乱、恵美押勝の乱の戦場となり、近世には大溝城の外濠の役割を担った。洞海が古い名で、昭和初期に真珠養殖や釣堀に利用され、現在の呼称に変わった。

☎0740-33-7101（びわ湖高島観光協会）
🏠高島市勝野3061-1　🕐見学自由　MAP P142C4

観光クローズアップ

◎ 大溝城跡
おおみぞじょうあと

織田信澄が築いた「水城」

安土城築城と同じころ、織田信長が甥の信澄に築かせた「水城」。琵琶湖とその内湖などを濠に生かした。一時期、京極高次も住したが廃城。江戸期に分部氏が大溝藩主に定着、本丸跡のそばに陣屋を構えた。

☎0740-33-7101（びわ湖高島観光協会）
🏠高島市勝野　🕐見学自由
MAP P142B4

左）石垣だけが残る本丸跡　右上）石垣の上部右下）本丸跡遠望

歴史を学ぶ

◎ 高島が終焉の地となった藤原仲麻呂

藤原仲麻呂は奈良の大仏造立を推進した辣腕政治家。恵美押勝の名を賜り太政大臣となるが、後ろ盾の光明皇后没後に孝謙太上天皇が寵愛する道鏡の排除をはかって失敗（恵美押勝の乱）。近江

高島へ逃げ三尾崎に着いたところを勝野鬼江で斬られたという。三尾崎は現在の白髭浜、鬼江は一説になる乙女ヶ池付近ともいい、乙女ヶ池畔の万葉歌碑と仲麻呂終焉地の鬼江のことにふれている。

乙女ヶ池畔に立つ万葉歌碑

高島

145

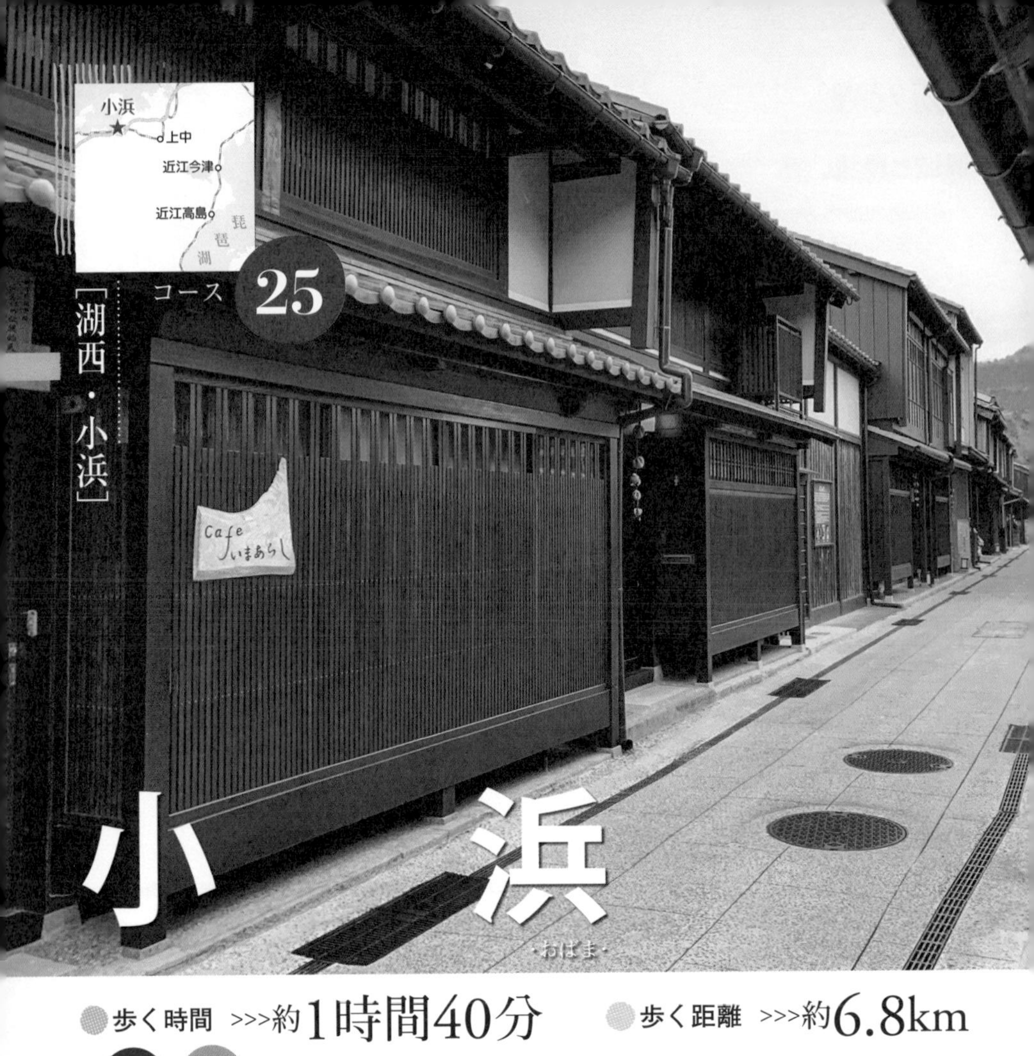
Cafe
いまあらし
小浜
上中
近江今津
近江高島
琵琶湖

［湖西・小浜］

コース 25

小浜
・おばま・

歩く時間 >>>約1時間40分　歩く距離 >>>約6.8km

1日コース START

小浜駅（JR 小浜線）
徒歩12分
→ ❶ 山川登美子記念館（所要20分）

徒歩10分
→ ❷ 小浜城跡（所要15分）

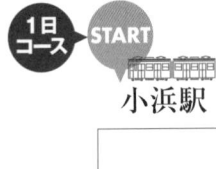

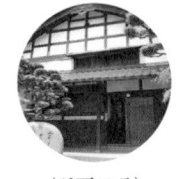

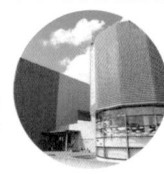

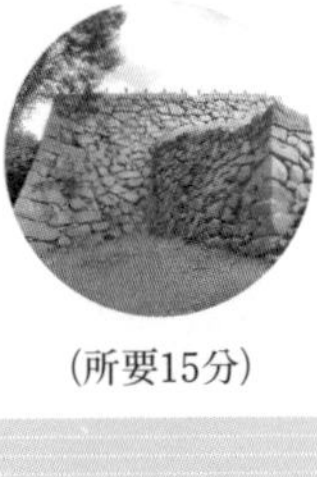

徒歩20分
→ ❸ 御食国若狭おばま食文化館（所要60分）

徒歩5分 →

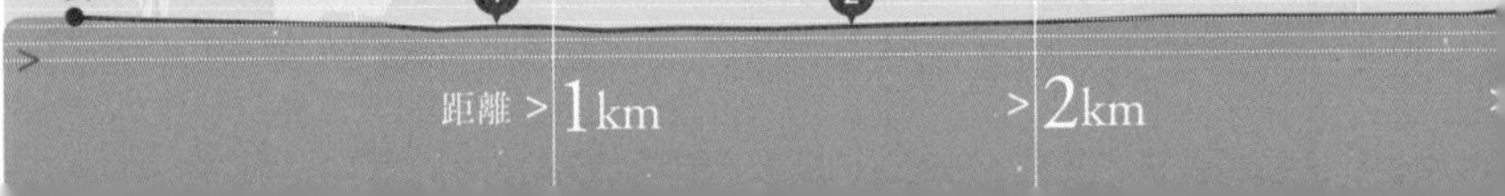
20m >
10m >
高低差 0m >
小浜駅
1
2
距離 > 1km
> 2km

整備され魅力を増した 小浜湾に面する城下町

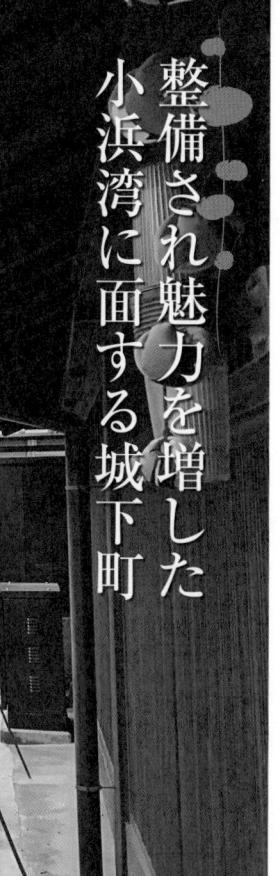

八百比丘尼伝説にちなむ
マーメイドテラス

若狭国府に隣接するこの地は、中世には鄙びた漁村にすぎなかった。近世以降城下町、また港町(漁港)として発展を遂げ、平成26年には舞鶴若狭自動車道が開通、北陸新幹線の計画もあり、今も変貌を続ける。旧市街は駅前から主要道路が放射状に延び、海岸を埋め立てて造成した川崎地区などは若狭フィッシャーマンズ・ワーフ、御食国若狭おばま食文化館などの大規模施設が並び、「海の駅」として賑わっている。旧市街のよさを財産として見直し活性化する努力も積み重ねられ、三丁町に代表される小浜西組重要伝統的建造物群保存地区周辺は、電柱の地中化などの整備が完了。また若狭は古代から朝廷へ海山の幸を納める「御食国」の役割を担い、小浜を起点に京都・奈良へ通じる「鯖街道」はその食材輸送路。海産物に代表される小浜の「食」は今なお健在だ。

おさんぽアドバイス

小浜駅が起終点だが、京極高次の造った町割とJR線が並行していないので位置関係をつかみにくい。交差点や目印の建物に注意して歩こう。古い社寺の多くは、小浜城築城以前に山城のあった後瀬山山麓にある。

● おすすめ季節 >>> 春 🌸　秋 🍁

小浜

④
蘇洞門めぐり

（所要60分）

≫ 徒歩25分 ≫

⑤
常高寺

（所要20分）

≫ 徒歩10分 ≫

⑥
空印寺

（所要20分）

≫ 徒歩3分 ≫

⑦
小浜町並み保存資料館

（所要20分）

≫ 徒歩12分 ≫

GOAL
小浜駅

JR
小浜線

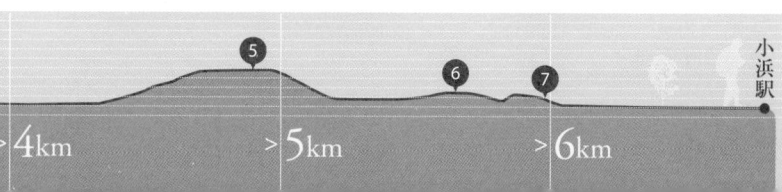

>4km　　>5km　　>6km

小浜駅

小浜

広域図はP172へ

0 — 100m
1:10,000

広域図はP172へ

Ⓐ Ⓑ Ⓒ

小浜市鯖街道ミュージアム
おばましさばかいどう
鯖街道の起点・いづみ町に令和2年3月8日（鯖の日）にオープン。鯖街道の歴史をはじめ、小浜市の文化財や伝統芸能、祭礼などを紹介。

③ 御食国若狭おばま 食文化館

② 小浜城跡

② 三丁町
さんちょうまち
猟師町、柳町、寺町、3つの町の総称と伝えられる元茶屋町。古い町並みの面影を留め、食事ができる「食の舘」なども。

④ 蘇洞門めぐり 遊覧船のりば

① 山川登美子記念館

⑦ 小浜町並み 保存資料館

小浜市 まちの駅・旭座
P150

カレー焼あかお
P151

⑥ 空印寺

⑤ 常高寺

ここまで 3km
ここまで 2km
ここまで 1km
ここまで 4km
ここまで 6km
ここまで 5km

濱の四季 P151
御菓子処 伊勢屋 P151

マーメイドプラザ
マーメイドテラス
翼のテラス

川崎（三）
川崎（二）
川崎（一）
六月祓神社
小浜津島
若狭小浜お魚センター
白鳥浜公園
小浜多賀
浄光寺
清滝
NTT前
一番町
千種（二）
城内（二）
城内（一）
雲浜保育所前
城内
小濱神社
城内橋
大手橋
南川
雲浜小

若狭フィッシャーマンズワーフ
小浜鈴鹿
小浜清滝
千種（一）
若狭末広亭
若狭署
文化会館
四谷町
後瀬町

吉井医院
きさき旅館
小浜塩竈
小浜玉前
小浜市
小浜今宮
小浜広峰
市役所前
小浜市役所
大手町
小浜病院
小浜病院前

サンホテルやまね
せくみや
図書館
小浜白鬚
小浜日吉
小浜住吉
アーバンポート
小浜酒井
長源寺
光全寺
小浜竜田

小浜神田
三十番神宮
妙光寺
蓮興寺
願成寺
立元寺
八幡神社
心光寺
小浜大宮
小浜線
小浜浅間
小浜男山
極楽寺
浄安寺
本昌寺
妙興寺
東光寺
浄土寺
栖雲寺
小浜貴船
小浜香取
町並みと食の舘
小浜公園

若杉本館
れんが亭
駅前町
駅前
小浜駅
スタート ゴール
東小浜駅へ

小浜伏原
後瀬山トンネル
小浜大原
東舞鶴へ
常高院墓所
伏原

小浜港
↓

162
27

148

❶ 山川登美子記念館
やまかわとみこきねんかん

歌を命とした生涯

与謝野鉄幹に師事し将来を嘱望された明星派歌人山川登美子は、旧小浜藩士の家に生まれ少女期を過ごした。明治42年（1909）、29歳のときにこの生家で病没。生い立ちを物語る遺品、手紙、歌稿などを展示する。小浜公園にも歌碑2基が立つ。

☎0770-52-3221　⊕小浜市千種1-10-7
㊌300円　㊇9:00〜17:00（入館は〜16:30）
㊡火曜（祝日の場合は翌日）　**MAP**P148C2

旧藩士の屋敷らしく格式ある構え

庭越しに見る終焉の間

入口に立つ歌碑の歌は登美子辞世「父君に召されていなむとこしへの春あたゝかき蓬莱のしま」

石段を上がると、そこに小浜城跡説明板が立つ

❷ 小浜城跡
おばまじょうあと

住宅街に浮かぶ憩いの場

関ケ原合戦の功で若狭を領した京極高次が小浜の海、南川、北川に囲まれた水城として縄張りし、次の城主酒井忠勝が天守などを完成。酒井家14代の間、名城と謳われたが明治になり失火で焼失。今は本丸石垣だけが残り、石垣内に酒井忠勝公を祀る小濱神社がある。

☎0770-52-1920（小濱神社）　⊕小浜市城内1-7-55
㊇見学自由　**MAP**P148C1

❸ 御食国若狭おばま食文化館
みけつくにわかさおばましょくぶんかかん

食から伝統工芸、温浴まで

御食国、若狭の中心地だった小浜ならではの施設。伝統的な食文化を紹介するミュージアムが無料で見学できるほか、伝統工芸が体験できる工房、温浴施設「濱の湯」（620円、10〜24時、第3水曜休）もある。

☎0770-53-1000　⊕小浜市川崎3-4　㊌入館無料（各種体験は別途有料）　㊇9:00〜18:00（12〜2月は〜17:00）　㊡水曜（祝日の場合は開館）　**MAP**P148A2

圧倒される巨大複合施設

伝統行事と食など興味深い展示が並ぶ

小浜

❹ 蘇洞門めぐり
そともめぐり

船から見る豪壮雄大な景色

日本海側有数の景勝地として古くから名高い蘇洞門は、岩が波に洗われ柱状節理に沿って崩壊してできた海蝕海岸。奇岩、大門・小門などの洞窟、断崖、滝などの景が6kmにもわたって続く。観光船が桟橋から出ているが、運航状況は天候次第なので要問合せ。

☎0770-52-3111
（若狭フィッシャーマンズ・ワーフ）
🚩小浜市川崎1-3-2
💰乗船2000円　🕐9:30～15:30
の間に1日5便運航（所要約60分）
⛔12～2月、荒天時　MAP P148B2

国名勝の大門・小門

観光クローズアップ

◎ 小浜市まちの駅・旭座
おばましまちのえき・あさひざ

小浜のまち歩きの拠点施設

福井県内で唯一現存する明治期の芝居小屋「旭座」を中心に、観光案内所や特産品コーナーなどが揃う。レンタサイクルやトイレも完備。「旭座」の内部を無料で見学できるほか、落語会などのイベントも随時開催。

☎ 0770-52-2000　🚩小浜市小浜白鬚111-1
💰入館無料　🕐9:00～20:00（冬期は～18:00。旭座は10:00～16:00。物販・飲食は11:00～19:30〈冬期は～17:30〉）　⛔火曜（祝日の場合は翌日）MAP P148B3

移築・復元された明治期の貴重な芝居小屋「旭座」

常高院の墓所は寺背後の後瀬山（のちせやま）山腹にある

❺ 常高寺
じょうこうじ

浅井三姉妹の次女、初の墓所

小浜城主京極高次の死後、剃髪して江戸にあった夫人の常高院（織田信長の妹市の次女初）が、夫や一族の菩提を弔い父母を供養するため寛永7年（1630）に建立した寺。常高院の肖像画、自筆の消息などが展示され、墓所もある。

☎0770-53-2327　🚩小浜市小浜浅間1
💰400円　🕐9:00～16:00　MAP P148A4

❻ 空印寺
くういんじ

伝説と史実のはざま

小浜城主酒井家の菩提寺。元は京極高次が父の牌所として建立した泰安寺だった。本堂前に学問僧として名高い14世住職面山和尚の石像、寺の入口前には「八百比丘尼」入定洞がある。

☎0770-52-1936　🏠小浜市小浜男山2　🕐境内自由（本堂拝観は400円、要予約）。酒井家歴代の墓参は要問合せ　MAP P148B4

上）薬医門越しに見る本堂
下）面山和尚の像

千本格子の町家らしい意匠

❼ 小浜町並み保存資料館
おばままちなみほぞんしりょうかん

「小浜西組」の整備拠点

大正期に建てられた典型的な町家を利用した資料館。美しい千本格子と犬矢来を備えた建物内部には、かまどや水場、煙出しなども残り、小浜の町家文化を伝えている。トイレも自由に使えるので散策途中に気軽に立ち寄りたい。

☎0770-53-3443　🏠小浜市小浜鹿島29　🕐無料　🕐10:00〜17:00（12〜3月は10:00〜16:00）　🕐火曜（祝日の場合は翌日）　MAP P148B4

不老長寿、諸国巡遊の旅
● 八百比丘尼の伝説
はっぴゃくびくにのでんせつ

人魚の肉を食べて不老長寿を得た比丘尼の話は全国にあり、それらの源流が若狭小浜と考えられている。伝承によると、昔、勢州村の高橋長者権太夫が竜宮で人魚の肉をおみやげにもらった。娘が食べたところいつまでも若々しさと美貌気品を保ち、不思議がられた。120歳で剃髪、尼姿となって諸国巡遊の旅に出たが、最後は故郷へ帰って800歳のときに洞岩窟で入定したという。

空印寺前の入定洞

おさんぽの途中に！　立ち寄りグルメ＆ショップ

💧 濱の四季
はまのしき

地産地消の山海の幸を堪能

御食国若狭おばま食文化館に隣接するレストラン。若狭湾の鮮魚や小浜産の米、旬の野菜などをたっぷり使った、地元のお母さんたちの手作り料理が味わえる。おすすめはお刺身御膳1700円。

☎0770-53-0141　🏠小浜市川崎3-5　🕐11:00〜14:00LO　🕐水曜　MAP P148A2

🍡 御菓子処 伊勢屋
おかしどころいせや

季節の福井銘菓をおみやげに

夏の涼菓くずまんじゅう130円（イートインの場合は132円）は、つるりとした葛の喉ごしとほのかな甘さのこし餡が味わい深い。4月中旬〜10月中旬の限定品。でっち羊羹は10月中旬〜3月に販売。

☎0770-52-0766　🏠小浜市一番町1-6　🕐8:30〜17:30　🕐水曜　MAP P148C2

🍛 カレー焼あかお
かれーやきあかお

人気の小浜名物カレー焼

昭和40年から地元人に愛され続けるカレー焼140円は、甘めの生地の中に、豚肉、牛肉、キャベツなどが入ったカレーをサンド。ほかにチョコ、餡、クリーム、チーズがある。

☎0770-52-0645　🏠小浜市駅前町6-38　🕐9:00〜19:00　🕐火曜　MAP P148C4

小浜 ★
東小浜　上中
　　近江今津
近江高島
琵琶湖

コース **26**

［湖西・小浜］

東　小　浜

ひがしおばま

●歩く時間 >>>約**1時間55分**　　●歩く距離 >>>約**6.8km**

 1日コース START
東小浜駅

JR
小浜線

❶
若狭姫神社
徒歩10分

（所要15分）

❷
蓮華寺
薬師堂
徒歩15分

（所要10分）

❸
若狭彦神社
徒歩7分

（所要15分）

徒歩19分

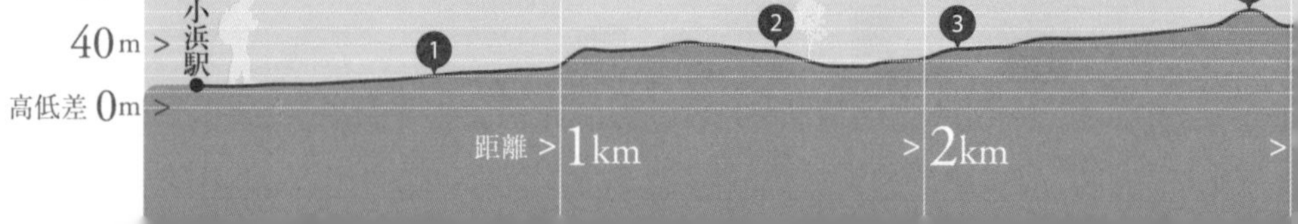

80m
40m
高低差 0m

東小浜駅

 ❶
 ❷
❸
  ❹

距離 >1km　　>2km

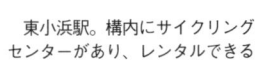
東小浜駅。構内にサイクリングセンターがあり、レンタルできる

古代若狭国の中心地「海のある奈良」

古代若狭国の中心部がこのJR東小浜駅一帯である。古くは遠敷郡(おにふ、今はおにゅうと発音)遠敷付近に国府が置かれ、都から国司が赴任して政務を執る政庁(国衙)もあった。遠敷周辺に国分寺などの古代寺院や若狭彦神社などが密集している。若狭と都(特に奈良)は昔から深いつながりがあり、若狭の廃寺跡や神宮寺境内からは平城宮様式の瓦が出土。中世以降、若狭の経済中心が小浜へ移ったあとも山あいの古社寺群はひっそりと残された。なかでも国分寺は少し変わり種で、境内に古墳時代の円墳があり、墳丘上に若狭姫神社が勧請されている。この円墳被葬者や、なぜ墳墓脇に国分寺を建てたかは未解明だ。また同寺釈迦堂の丈六仏は重文指定こそされていないが台座を含め3mを超え圧巻。史跡公園になっている国分寺跡では、心礎の残る塔跡が見逃せない。

おさんぽアドバイス

東小浜駅から遠敷川沿いに若狭神宮寺まで往復するが、神宮寺からさらに約2km上流がお水送り神事の場の「鵜の瀬」。その近くに名水資料館があり、若返りの水も汲める。道中は立派な舗装道だが車はほとんど通らない。

●おすすめ季節 >>> 春🌸 秋🍁

④ 若狭神宮寺		⑤ 萬徳寺		⑥ 国分寺		⑦ 福井県立若狭歴史博物館		**GOAL** 東小浜駅
	徒歩20分		徒歩20分		徒歩15分		徒歩7分	 JR 小浜線
(所要30分)		(所要30分)		(所要20分)		(所要40分)		

⑤　⑥　⑦　東小浜駅

km　>4km　>5km　>6km

東小浜

広域図は
P172へ

N 0 200m
1:19,000

小浜ICへ→
小浜市農協会館東
羽賀寺↑
遠敷
太良庄

Ⓐ Ⓑ Ⓒ

小浜線
小浜駅へ→
スタート ゴール
東小浜駅
敦賀駅へ→

⑦ 福井県立若狭
歴史博物館

小浜美郷小
若狭の里公園

遠敷（十）
小浜製鋼
遠敷（七）
遠敷（六）駅前
遠敷（二）

遠敷（九）
遠敷（八）
遠敷（一）
遠敷（三）

検見坂
コメリ
遠敷（五）
P156 珈琲屋すいしょう

遠敷
（四）
若狭和紙の家 P156
国分

ここまで 6km

多田神社

駅口
遠敷

若狭国分
⑥ 国分寺
ワークマン

東市場

① 若狭姫神社

ここまで 1km

若狭東高
遠敷川

多田寺 P155

ニチコンワノリ
多田

小浜市

ここまで 5km

若狭国分寺跡
昭和40年代の発掘調査で
寺域はおよそ2町四方と
推定された。寺域の中の
径45mもの古墳は全国的
にも例がない。

箸匠せいわ P156
宮の前

金屋

② 蓮華寺 薬師堂

竜前

⑤ 萬徳寺

ここまで 2km

ここまで 4km

上野

本長寺

若狭西街道

③ 若狭彦神社

遠敷トンネル

松永トンネル

若狭神宮寺仁王門
七堂伽藍二十五坊を誇っ
た昔を偲ばせる門。内部
に安置された力強い木造
金剛力士像2体が間近に
拝観できる。

正明寺

神宮寺

大膳院

鵜の瀬
若狭神宮寺お水送りの
「送水神事」が行われる
所。隣接の鵜の瀬公園に
資料館があり、お水送り
のビデオなども見られる。

④ 若狭神宮寺

ここまで 3km

鯖街道

忠野

鵜の瀬へ→

Ⓐ Ⓑ Ⓒ

154

❶ 若狭姫神社
わかさひめじんじゃ

千年杉に抱かれる古社

　海幸山幸の神話で知られる豊玉姫命（乙姫）を祀り、上社の若狭彦神社に対して下社といわれ、若狭彦神社より6年後の養老5年（721）鎮座と伝わる。本殿は三間社流造、檜皮葺。本殿の瑞垣内に遠敷の千年杉と称えられる巨樹がある。

☎0770-56-1116　🚏小浜市遠敷　💴境内自由
🗺️P154B2

江戸期造営の隋神門、その奥に神門、本殿が立つ

❷ 蓮華寺 薬師堂
れんげじ やくしどう

柔和なお顔のお薬師さま

　鎌倉時代の宝治2年（1248）に造立された重要文化財の銅造薬師如来立像を祀る。もとは若狭彦神社の本地仏で、明治の神仏分離の際に寺へ移された。写実的な顔立ちと体躯に鎌倉彫刻の特徴を示し、端正な中に穏やかさを湛えた傑作。

☎0770-64-6034
（小浜市文化課）
🚏小浜市竜前
💴拝観志納（事前に要電話予約）🗺️P154B3

像高約51cmの銅造
薬師如来立像

❸ 若狭彦神社
わかさひこじんじゃ

上下一体の若狭一の宮

　古木に包まれた神社は霊亀元年（715）創祀と伝わり、彦火火出見尊（山幸彦）を祀る。下社の若狭姫神社に対して上社といわれ、上下両社を併せて若狭一の宮と称する。隋神門の前にはご神木の夫婦杉も聳える。

☎0770-56-1116（若狭姫神社）　🚏小浜市龍前
💴境内自由　　🗺️P154B3

若狭姫神社と同じ配置で、山を背に本殿などが立つ

巨樹に覆われた清々しい参道が続く

観光クローズアップ

◎ 多田寺
ただじ

「多田のお薬師さん」こと多田寺へ

　国道27号検見坂差点から1本小浜寄りの角を左折し、道なりに歩いて行くと10分余で多田寺に着く。奈良時代に勝行上人が開いた古寺である。本尊は眼病に霊験あらたかという重文の薬師如来立像。勝行上人が孝謙天皇の眼病平癒を祈願したところ、快癒したと伝わる。本堂には重文の十一面観音立像などの諸仏を安置する。

☎0770-56-0894　🚏小浜市多田29-6
💴400円　🕐9～16時　📅12月1日～2月末日（予約すれば拝観可）　🗺️P154A2

石段上に本堂が立ち、陽光に甍が輝く

東小浜

若狭から東大寺二月堂へ香水を送る神秘的な行事

● お水送り
おみずおくり

毎年3月2日、若狭神宮寺で古式に則り行われる行事。奈良の東大寺二月堂の若狭井へ鵜の瀬から香水を送る。伝承によると、二月堂修二会に遅参した遠敷明神がお詫びに閼伽水を送ると約束したのが始まり。境内と鵜の瀬で神事が行われ、鵜の瀬まで約2kmの松明行列は、一般参加者の手松明が例年3000もの光の帯をなす。

送水神事が行われる鵜の瀬

❹ 若狭神宮寺
わかさじんぐうじ

お水送り神事の寺

開創期から奈良の東大寺と縁が深く、お水送り神事で有名。和銅年間（708〜715）に神願寺として開かれ、鎌倉期に若狭彦上下社の別当寺となり根本神宮寺と改称、大伽藍を誇った。今に残る本堂は室町期の、仁王門（北門）は鎌倉期の建立で、ともに重文。

上）和様唐様の折衷様式の本堂
下）閼伽井屋は東大寺二月堂の若狭井に似る

☎0770-56-1911　🏠小浜市神宮寺30-4　💴400円
🕘9:00〜16:00　❌2月15日〜3月1日、3月3〜5日　MAP P154B4

おさんぽの途中に！　立ち寄りグルメ＆ショップ

☕ 珈琲屋すいしょう
こーひーやすいしょう

名水仕立ての珈琲で一服

小浜市の名水「雲城水」で淹れた有機栽培コーヒー500円が味わえると評判の店。夏期は水出しコーヒー800円や、深煎り豆の粉をかけたコーヒー粉がけアイス350円も人気。

☎0770-56-5970　🏠小浜市遠敷6-1002-2　🕘16:00〜19:00（土・日曜は10:00〜）❌火・木曜、月末日　MAP P154B1

🛍 若狭和紙の家
わかさわしのいえ

豊かな色彩が目に眩しい

精選されたコウゾを漉き、模様付けなど全工程を手作業で行う若狭和紙の専門店。厚あかね染770円などのオリジナル染和紙のほか、ブックカバーなどの和紙小物も揃う。

☎0770-56-0363　🏠小浜市遠敷4-406　🕘10:00〜17:00　❌火曜　MAP P154B1

🛍 箸匠せいわ
はししょうせいわ

伝統の若狭箸をおみやげに

伝統工芸品の若狭塗り箸専門店。店内には長寿箸、縁結び箸など約300種の商品がズラリと並ぶ。箸の研ぎ出し体験（1膳200円）もあり、世界で一つの箸が作れると大人気。

☎0770-56-0884　🏠小浜市竜前6-2　🕘9:00〜17:00　❌無休　MAP P154B3

➎ 萬徳寺
まんとくじ

枯山水の書院庭園

🔻枯山水の名勝庭園で知られる。元は極楽寺という古刹だったが兵火で焼失し、江戸初期に京極高次の寄進で現在地へ移転再興。真言宗に改め名も萬徳寺となった。小浜城主酒井家代々の祈願寺。庭は書院前に設けられ、藩主も観賞した。

☎0770-56-2308　🏠小浜市金屋74-23
💴400円　🕐8:30〜17:00
MAP P154B3

金剛界曼荼羅を石で表す名勝庭園

本堂に安置されている重文の木造阿弥陀如来坐像

山裾に立つ本堂。境内は「日本紅葉の名所100選」に選定されている

➏ 国分寺
こくぶんじ

千余年前の勅願寺跡

🔻奈良時代、諸国に建立された国分寺の一つ。金堂跡に宝永2年(1705)再建の本堂(釈迦堂)が立ち、高さ3m余と県下最大の「国分寺の大仏」を納める。薬師堂には重文の薬師如来坐像を安置。往時は金堂に加え、塔、講堂などがあった。境内の古墳を含め史跡公園に整備されている。

☎0770-56-2519　🏠小浜市国分53-1　💴400円
🕐8:30〜17:00(不在時あり)　🈳12〜2月は要予約
MAP P154C2

本堂には丈六の釈迦如来坐像を安置する

➐ 福井県立若狭歴史博物館
ふくいけんりつわかされきしはくぶつかん

独自の展示手法が魅力

🔻平成26年にリニューアルオープン。仏像・祭り・歴史をクローズアップした常設展示は質・量ともに見ごたえ満点。若狭に残る繊細優美な仏像の実物・レプリカの展示、若狭と都を結ぶ道を立体地図と映像で見せるプロジェクションマッピングは必見。

☎0770-56-0525　🏠小浜市遠敷2-104
💴310円(特別展は別途)　🕐9:00〜17:00
🈳第2・4月曜(祝日の場合は翌日。夏休み期間・特別展期間を除く)　MAP P154C1

若狭の祭りと芸能ゾーン

若狭のみほとけゾーン

イベントカレンダー

1月10日〜3月10日ごろ
長浜盆梅展
●ながはまぼんばいてん

長浜駅近くの慶雲館で開催。長浜市が所有する300鉢もの盆梅の中からローテーションで出品され、2m以上もある巨木や、樹齢400年の古木などの盆梅がずらりと並ぶ。 ●慶雲館 ➡P122

3月下旬〜4月中旬
彦根城桜まつり
●ひこねじょうさくらまつり

天下の名城、国宝彦根城は桜名所としても有名。城内に約1100本もの桜が咲き誇り、夜は城と桜がライトアップされ、多くの花見客で賑わう。 ●彦根城 ➡P106

4月12〜14日
山王祭
●さんのうさい

湖国三大祭の一つで日吉大社の例祭。3月から1カ月半にわたって行われるなかで、12〜14日の神事が最大のみどころ。
●日吉大社 ➡P33

4月13〜16日
長浜曳山まつり
●ながはまひきやままつり

日本三大山車祭の一つ。絢爛豪華な曳山の上で、5〜12歳くらいの男の子が熱演する「子ども歌舞伎」が見もの。
●曳山博物館 ➡P124

4月14〜16日
八幡まつり
●はちまんまつり

1000年以上の歴史がある。14日の宵宮祭では30本以上の松明が夜空を焦がし、15日の本祭には大太鼓が宮入りする。
●日牟禮八幡宮 ➡P76

4月下旬の日曜日
草津宿場まつり
●くさつしゅくばまつり

江戸時代の武家や公家の行列を再現した時代行列が街道を練り歩く。宿場大市などさまざまな催しも。 ●草津 ➡P46

5月2・3日
日野祭
●ひのまつり

800年以上の歴史がある馬見岡綿向神社の春の例祭。2日は曳山に明かりが灯され、3日は境内に十数基の曳山が勢揃い。
●馬見岡綿向神社 ➡P100

8月3〜5日
万灯祭
●まんとうさい

多賀大社に伝わるお盆の行事。先祖の御魂を供養し、感謝する行事で、1万2000灯もの提灯に灯りが点される。
●多賀大社 ➡P111

10月体育の日の直前の土・日曜
大津祭
●おおつまつり

天孫神社の祭礼で湖国三大祭の一つ。本祭では、からくり人形が乗った華麗な曳山13基が市内を賑やかに巡行する。
●大津祭曳山展示館 ➡P19

10月体育の日と直前の土・日曜
信楽陶器まつり
●しがらきとうきまつり

駅前通り一帯を中心に、信楽焼の陶器の即売会や展示、地元の特産品の販売なども行われるビッグイベント。
●信楽 ➡P66

11月第3日曜
あづち信長まつり
●あづちのぶながまつり

織田信長や姫君、天正少年使節、宣教師などに扮した総勢300人の行列が安土城下を華やかにパレード。
●安土 ➡P78

花カレンダー

1月	2月	3月	4月	5月	6月	7月	8月	9月	10月	11月	12月

琵琶湖疏水沿いの見事な桜並木

梅(2月上旬〜4月上旬)
- 石山寺 ➡P43
- 彦根城 ➡P106
- 多賀大社 ➡P111
- 慶雲館 ➡P122

桜(3月下旬〜4月中旬)
- 琵琶湖疏水 ➡P19
- 三井寺(園城寺) ➡P20
- 日吉大社 ➡P33
- 延暦寺 ➡P34
- 八幡堀 ➡P76
- 安土城跡 ➡P81
- 太郎坊宮 ➡P93
- 彦根城 ➡P106
- 百済寺 ➡P115
- 小浜城跡 ➡P149

ツツジ(4月上旬〜5月下旬)
- 石山寺 ➡P43
- 常楽寺 ➡P60
- 陶芸の森 ➡P69
- 金剛輪寺 ➡P114
- 百済寺 ➡P115
- 西明寺 ➡P115

藤(4月下旬〜5月下旬)
- 日吉大社 ➡P33
- 三大神社 ➡P55
- 百済寺 ➡P115

ハス(6月中旬〜8月上旬)
- 草津市立水生植物公園 みずの森 ➡P54
- 陶芸の森 ➡P69
- 彦根城 ➡P106
- 国分寺 ➡P157

アジサイ(6月上旬〜7月中旬)
- 延暦寺 ➡P34
- 石山寺 ➡P43
- 金剛輪寺 ➡P114
- 手おりの里 金剛苑 ➡P114
- 西明寺 ➡P115
- 百済寺 ➡P115

バイカモ(6月下旬〜8月下旬)
- 地蔵川(醒井) ➡P117

紅葉
(11月上旬〜12月上旬)
- 日吉大社 ➡P33
- 西教寺 ➡P33
- 延暦寺 ➡P34
- 石山寺 ➡P43
- 長寿寺 ➡P60
- 石馬寺 ➡P86
- 彦根城 ➡P106
- 大瀧神社 ➡P110
- 多賀大社 ➡P111
- 金剛輪寺 ➡P114
- 百済寺 ➡P115
- 西明寺 ➡P115

日吉大社の山王鳥居を紅葉が包む

※祭りやイベントは中止、または日程が変更になる場合があります。
また、花は場所、種類によって開花期が異なる場合があります。
お出かけの前にご確認ください。

【交通インフォメーション】

近江 琵琶湖 若狭へのアクセス

 鉄道 東京・名古屋と京阪神を結ぶ東海道新幹線が琵琶湖南岸を走る。県内ただ一つの新幹線の駅・米原駅には「ひかり」「こだま」のみの停車。「のぞみ」利用の場合は京都駅が入口となる。

ポイント❶ 東京・名古屋方面からは米原駅か「のぞみ」が停車する京都駅で、岡山・広島・博多方面からは京都駅で、新幹線からJRに乗り継ごう。

ポイント❷ 京阪神からは、JR京都線（東海道線）の新快速利用が基本。新快速は1時間に4本あり、3本が琵琶湖線（東海道線）へ、1本が山科駅から湖西線へ直通する。湖南・湖東へは前者を、湖西へは後者を利用、湖北へは目的地によって使い分ける。

ポイント❸ 北陸方面からの特急「サンダーバード」は湖西線を走るが、線内の駅に停車するのはごく一部。敦賀駅で湖西線の新快速や、長浜・米原方面への各駅停車に乗り換える。

🚋 大津へ

◆東京・名古屋方面からは京都駅で、琵琶湖線（東海道線）に乗り換え大津へ。
◆京阪神からはJR京都線〜琵琶湖線（東海道線）の新快速を利用する。

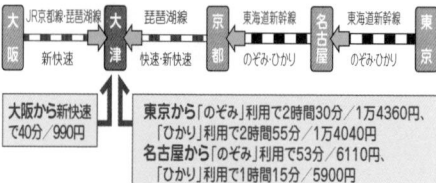

大阪から新快速で40分／990円

東京から「のぞみ」利用で2時間30分／1万4360円、「ひかり」利用で2時間55分／1万4040円
名古屋から「のぞみ」利用で53分／6110円、「ひかり」利用で1時間15分／5900円

🚋 湖南・甲賀へ

◆東京・名古屋方面からは京都駅から琵琶湖線（東海道線）を利用して草津駅まで戻り、草津線に乗り換える。
◆京阪神からはJR京都線〜琵琶湖線（東海道線）の新快速で草津駅まで行き、草津線に乗り換える。
◆信楽へは、草津線の貴生川駅から信楽高原鐵道を利用する。

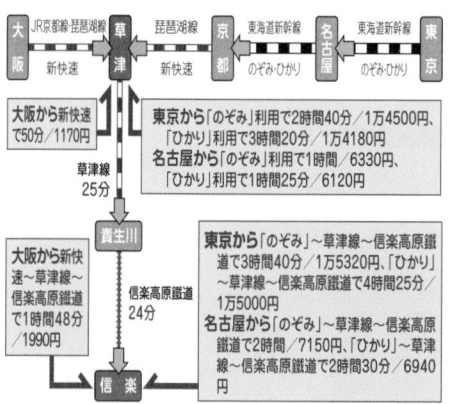

大阪から新快速で50分／1170円

東京から「のぞみ」利用で2時間40分／1万4500円、「ひかり」利用で3時間20分／1万4180円
名古屋から「のぞみ」利用で1時間／6330円、「ひかり」利用で1時間25分／6120円

草津線25分

貴生川

信楽高原鐵道24分

大阪から新快速〜草津線〜信楽高原鐵道で1時間48分／1990円

東京から「のぞみ」〜草津線〜信楽高原鐵道で3時間40分／1万5320円、「ひかり」〜草津線〜信楽高原鐵道で4時間25分／1万5000円
名古屋から「のぞみ」〜草津線〜信楽高原鐵道で3時間20分／7150円、「ひかり」〜草津線〜信楽高原鐵道で2時間30分／6940円

信楽

🚋 湖東・近江八幡・彦根へ

◆東京・名古屋からは米原駅から、琵琶湖線（東海道線）の新快速（快速も可）で彦根駅・近江八幡駅へ。名古屋からは、東海道線の特急・新快速を利用して米原駅で乗り継ぐ方法もある。
◆京阪神からはJR京都線〜琵琶湖線（東海道線）の新快速を利用する。
◆八日市へは近江八幡駅で近江鉄道に乗り換えとなるが、東京・名古屋方面からは米原駅や彦根駅で近江鉄道に乗り換えるルートがおすすめ。近江鉄道は彦根駅で長時間停車する電車が多く、彦根駅から本数も増えるので、彦根駅乗り換えが便利。

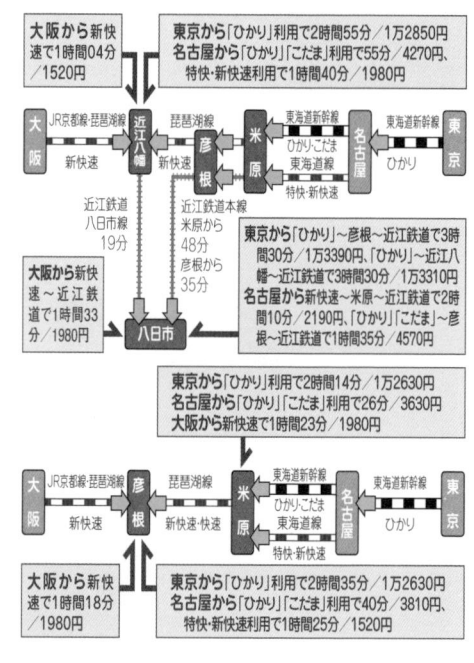

大阪から新快速で1時間04分／1520円

東京から「ひかり」利用で2時間55分／1万2850円
名古屋から「ひかり」利用「こだま」で55分／4270円、特快・新快速利用で1時間40分／1980円

近江鉄道八日市線19分

米原から48分／彦根から35分

大阪から新快速〜近江鉄道で1時間33分／1980円

東京から「ひかり」〜彦根〜近江鉄道で3時間30分／1万3390円、「ひかり」〜近江八幡〜近江鉄道で3時間30分／1万3310円
名古屋から「ひかり」〜米原〜近江鉄道で2時間10分／2190円、「ひかり」「こだま」〜彦根〜近江鉄道で1時間35分／4570円

東京から「ひかり」利用で2時間14分／1万2630円
名古屋から「ひかり」利用「こだま」で26分／3630円
大阪から新快速で1時間23分／1980円

大阪から新快速で1時間18分／1980円

東京から「ひかり」利用で2時間35分／1万2630円
名古屋から「ひかり」利用「こだま」で40分／3810円、特快・新快速利用で1時間25分／1520円

※掲載のデータは2020年6月現在のものです。お出かけの際には最新の情報をご確認下さい。
※所要時間は一般的なもので、乗り換え時間は含みません。※新幹線のねだんは通常期に普通車指定席を利用した場合のものです。

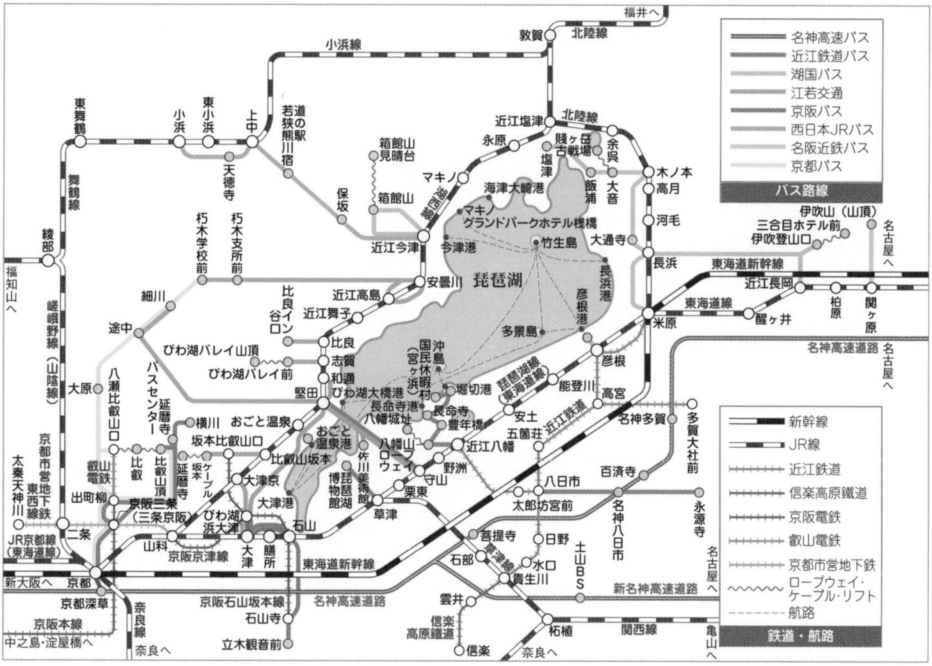

バス路線の凡例：
名神高速バス / 近江鉄道バス / 湖国バス / 江若交通 / 京阪バス / 西日本JRバス / 名鉄近鉄バス / 京都バス

鉄道・航路の凡例：
新幹線 / JR線 / 近江鉄道 / 信楽高原鐵道 / 京阪電鉄 / 叡山電鉄 / 京都市営地下鉄 / ロープウェイ・ケーブル・リフト / 航路

（主な地名・駅名）福井へ／北陸線／敦賀／小浜線／東舞鶴／舞鶴線／西舞鶴／綾部／福知山へ／嵯峨野線（山陰線）／上中／小浜／東小浜／若狭の熊川宿／道の駅／天徳寺／箱館山見晴台／保坂／箱館山／朽木学校前／朽木支所前／細川／途中／比良谷ロン／近江舞子／比良／びわ湖バレイ山頂／志賀／びわ湖バレイ前／堅田／びわ湖大橋港／八瀬比叡山口／大原／延暦寺／坂本比叡山口／横川／おごと温泉／比叡／比叡山頂／ケーブル坂本／京都市営地下鉄／太秦天神川／JR京都線（東海道線）／二条／京阪二条（三条京阪）／山科／膳所／大津／浜大津／石山／京阪京津線／新大阪／京都／奈良線／京阪本線／中之島・淀屋橋へ／奈良へ／京阪石山坂本線／石山寺／名神高速道路／立木観音前／信楽／信楽高原鐵道／関西線／亀山へ／マキノ／海津大崎港／近江今津／今津港／安曇川／近江高島／近江塩津／永原／賤ヶ岳古戦場／塩津／大浦／余呉／木ノ本／高月／河毛／大音／長浜／琵琶湖／竹生島／長命寺港／多景島／彦根港／彦根／堀切港／能登川／近江八幡／八幡山ウェイ／五箇荘／安土／東海道新幹線／米原／新幹線／名神多賀／多賀大社前／大垣／関ヶ原／柏原／醒ヶ井／近江長岡／名古屋へ／東海道線／河瀬／稲枝／高宮／愛知川／五箇荘／野洲／守山／栗東／草津／南草津／瀬田／石部／甲西／貴生川／三雲／菩提寺／日野／水口／近江八日市／八日市／太郎坊宮前／新名神高速道路／伊吹山（山頂）／三合目ホテル前／伊吹登山口／伊吹山ウェイ

湖北へ

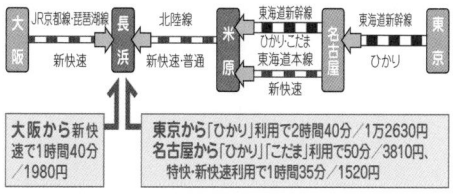

◆東京・名古屋方面からは米原駅で北陸線に乗り換える。
◆名古屋始発の特急「しらさぎ」のうち3本が長浜駅に停車する。所要1時間14分、3250円。米原駅まで東海道線の特快・新快速を利用する方法もある。
◆京阪神からは米原経由北陸線直通の新快速を利用。長浜行きと近江塩津行き（一部敦賀行き）が30分ごと、合わせて1時間に2本運行されている。
◆京阪神から木ノ本・高月などへは、湖西線直通の新快速から近江塩津駅で北陸線へ乗り換えたほうが米原経由より早いケースもあるので、要チェック。

大阪から新快速で1時間40分／1980円

東京から「ひかり」利用で2時間40分／1万2630円
名古屋から「ひかり」「こだま」利用で50分／3810円、特快・新快速利用で1時間35分／1520円

湖西へ

◆東京・名古屋方面からは京都駅で湖西線に乗り換える。
◆京阪神からは、朝〜日中1時間に1本運転される湖西線経由の敦賀行き新快速を利用するのが一般的。

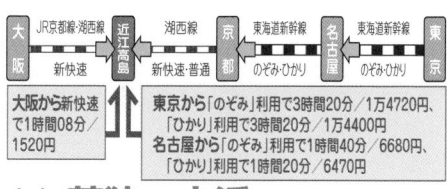

大阪から新快速で1時間08分／1520円

東京から「のぞみ」利用で3時間20分／1万4720円、「ひかり」利用で3時間20分／1万4400円
名古屋から「のぞみ」利用で1時間40分／6680円、「ひかり」利用で1時間20分／6470円

若狭・小浜へ

◆東京・名古屋方面からは京都駅で湖西線に乗り換えて、近江今津から小浜行きJRバスを利用する。バスは1時間に1便の運行。
◆京阪神からは湖西線経由の敦賀行き新快速で近江今津駅まで行き、小浜行きJRバス利用が一般的。
◆名古屋からは1日8本ある特急「しらさぎ」で敦賀駅まで行き、小浜線に乗り換えるルートもある。約3時間、5800円。

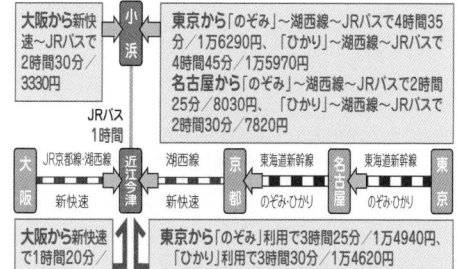

大阪から新快速〜JRバスで4時間35分／1万6290円、「ひかり」〜湖西線〜JRバスで4時間45分／1万5970円
名古屋から「のぞみ」〜湖西線〜JRバスで2時間25分／8030円、「ひかり」〜湖西線〜JRバスで2時間30分／7820円

大阪から新快速で1時間20分／1980円

東京から「のぞみ」利用で3時間25分／1万4940円、「ひかり」利用で3時間30分／1万4620円
名古屋から「のぞみ」利用で1時間25分／6680円、「ひかり」利用で1時間30分／6470円

高速バス

滋賀エリアへの夜行高速バスは、大宮と千葉から東京都内経由で運行されており、寝ている間に目的地に着けるのが魅力。昼間に高速道路を走る名古屋～京都間の「名神ハイウェイバス」は、特急便は湖東地域の4カ所に停車する。目的地によっては、さらに路線バスかタクシーの利用となる。

■夜行高速バス

出発地・出発時刻		問合せ先・<バス愛称名>	到着地・到着時刻		大宮からの運賃	池袋からの運賃	行き先
大宮駅西口	20:45	西武観光バス <ドリームさいたま号>	草津駅東口	6:15	7100～12100円	6800～11800円	大阪駅 USJ
池袋駅東口	21:40		南草津駅	6:27	7100～12100円	6800～11800円	
横浜駅東口（YCAT）	23:15		京都駅烏丸口 7:18		7300～12200円	7000～12000円	
出発地・出発時刻		問合せ先	到着地・到着時刻		千葉・幕張からの運賃	上野からの運賃	行き先
千葉駅東口	20:25	千葉中央バス	大津駅前	5:45	5500～8000円	5000～7500円	
海浜幕張駅	20:50						
京成上野駅	23:10		京都駅八条口 6:40		5500～8000円	5000～7500円	

■昼行高速バス

BC=バスセンター　BS=バスストップ

出発地・出発時刻	問合せ先・<バス愛称名>	到着地	所要時間	片道運賃	便数(1日)	行き先
名古屋駅新幹線口 7:15～19:20 （全便名鉄BC始発・ 名古屋駅新幹線口の15分前発）	JR東海バス・ 名鉄バス・ 名阪近鉄バス <名神ハイウェイバス・特急>	名神多賀	1時間21分	1480円	11便	京都駅
		百済寺	1時間29分	1630円		
		名神八日市	1時間35分	1730円		
		菩提寺	1時間48分	1990円		
近鉄四日市 7:15～19:30	三重交通・京阪バス	土山BS	44分	1250円	8～9便	京都駅・大阪駅
津駅前 7:30／8:30(土曜・休日運行)	三重交通	土山BS	52分	1250円	1～2便	京都駅

近江 琵琶湖 若狭でのアクセス

大津・坂本へ

エリアの入口は琵琶湖線（東海道線）大津駅だが、大津の中心はバスで5分ほどの京阪電鉄のびわ湖浜大津駅周辺で、石山寺や坂本などエリア内の移動には京阪電鉄の石山坂本線を利用するといい。

大津・石山周辺ではおもに京阪バスが運行されている。JRから京阪バスへの乗り換えは、琵琶湖線石山駅か湖西線大津京駅が便利。比叡山へは、湖西線比叡山坂本駅か京阪電鉄の坂本比叡山口駅から江若交通バスとケーブルカーを乗り継ぐ。レンタサイクルがJR大津駅などにある。

湖南・甲賀へ

エリアの入口となる琵琶湖線（東海道線）草津駅で草津線に乗り換える。草津線は貴生川駅まで1時間に2本、その先は1本程度の運転だが、北陸線直通の琵琶湖線新快速に接続している。水口へは貴生川駅から近江鉄道を利用、1時間に1本程度の運転だ。信楽へは貴生川駅から信楽高原鐵道を利用、1時間に1本弱の運転のうえ、京阪神からだと大回りになるので、1日がかりのつもりで行こう。

草津・守山駅からは、近江鉄道バス・江若交通バス・帝産湖南交通バスなどが運行されている。

また、草津線の石部・甲西・三雲の各駅を起点に湖南市コミュニティバス「めぐるくん」が、水口・信楽地域では甲賀市コミュニティバス「はーとバス」が運行されているが、いずれも便数は少ない。このほか草津駅・守山駅にはレンタサイクルもある。

湖東へ

入口は琵琶湖線（東海道線）の近江八幡駅～彦根駅。それぞれのポイントまで近江八幡・彦根両駅から近江鉄道を、または各駅から近江鉄道バスを利用する。近江鉄道は近江八幡駅～八日市駅間の運転本数は多いが、その他は1時間に1本程度。バスも便数が少なく、JR稲枝駅から金剛輪寺へは、「愛のりタクシー　あいしょう」が1時間ごとに運行する。乗車の1時間前（午前9時以前の便は前日21時）までに近江タクシー☎0749-22-1111へ予約を。片道800円。紅葉期には彦根駅から多賀、湖東三山へシャトルバスが出る。

彦根市内では、車体へのラッピングが目を引く「彦根ご城下巡回バス」が春～秋の土・日曜、祝日などに彦根城方面へ1日11便運行（1乗車210円、1日券400円）されている。また、近江八幡駅・彦根駅にはレンタサイクルもある。

🚋🚌 長浜・湖北へ

　いずれも入口は琵琶湖線(東海道線)米原駅。北陸線の長浜駅へは、京阪神から1時間に2本新快速が直通運転していて便利。うち1本は湖北の近江塩津駅(一部は敦賀駅)まで直通している。東海道線の醒ヶ井・柏原駅方面へは京阪神から直通電車がなく、米原駅で大垣方面行き(JR東海)に乗り換えとなるが、新快速からの接続は悪くない。

　長浜駅・醒ヶ井駅からは湖国バスなどが運行されているが、1時間に1便程度しかないので、鉄道との接続を確認しておこう。

🚋🚌 湖西へ

　湖西線を利用し、近江高島駅や安曇川駅へ。近江高島・安曇川・近江今津の各駅からは、江若鉄道バスや湖国バスが運行されている。

　京阪神からは朝〜夕方の1時間に1本、敦賀駅行き新快速が直通運転しており便利。なお、近江舞子駅以北は各駅停車となる。

🚋🚌 若狭・小浜へ

　小浜線の電車は1〜2時間に1本程度の運転と少ない。小浜駅からの路線バスは熊川宿・近江今津駅への西日本JRバスが1時間に1便運行されるほかは、小浜市内を走るのはコミュニティバス「あいあいバス」のみになる。小浜駅にはレンタサイクルもある。

　京都駅から小浜方面へは山陰線〜舞鶴線直通の特急「まいづる」を利用し、東舞鶴駅で小浜線に乗り換えるルートもあるが、東舞鶴駅でかなり待たされるダイヤなので、直行したい場合はおすすめできない。

☎ 問合せ先

●鉄道

JR東海テレフォンセンター	☎050-3772-3910
JR西日本お客様センター	☎0570-00-2486
京阪電車お客さまセンター	☎06-6945-4560
近江鉄道	☎0749-22-3303
信楽高原鐵道	☎0748-82-0129

●バス

西武観光バス	☎03-5910-2525
千葉中央バス(京成予約センター)	☎047-432-1891
JR東海バス	☎0570-048-939
名阪近鉄バス(高速)	☎052-661-3191
(路線)	☎0584-81-3326
名鉄バス	☎052-582-2901
三重交通	☎059-229-5555
西日本JRバス(高速)	☎0570-00-2424
(近江今津)	☎0740-22-2152
京阪バス(高速)	☎075-661-8200
(大津)	☎077-531-2121
近江鉄道バス(八日市)	☎0748-22-5511
(あやめ＝野洲)	☎077-589-2000
(大津)	☎077-543-6677
湖国バス(長浜)	☎0749-64-1224
(彦根)	☎0749-25-2501
江若交通	☎077-573-2701
京都バス	☎075-871-7521
湖南市コミュニティバス(滋賀バス)	☎0748-72-5611
甲賀市コミュニティバス(滋賀バス)	☎0748-72-5611

●ケーブル・ロープウェイ

坂本ケーブル(比叡山鉄道)	☎077-578-0531
八幡山ロープウェー(近江鉄道)	☎0748-32-0303

トク得きっぷ情報

1デイ スマイルチケット
(近江鉄道)　　　　　900円

近江鉄道全線が1日乗り降り自由のきっぷ。金・土・日曜、祝日のみ(年末年始は除く)の発売で、沿線観光施設の割引特典もある。近江鉄道の主要駅で発売。

比叡山内一日フリー乗車券
(京阪バス・京都バス)1000円

比叡山内シャトルバス、比叡山ドライブバスのホテル・ド・比叡〜比叡山頂・横川間が1日乗り降り自由。ケーブル坂本駅、延暦寺バスセンターなどで発売(冬期はバスが運休のため発売なし)。

もみじきっぷ
(湖国バス)　　　　　1800円

例年11月中〜下旬に湖東三山を巡り運行される「紅葉シャトルバス」(彦根駅〜西明寺〜金剛輪寺〜百済寺間)が1日乗り降り自由。湖東三山の入山料などの割引特典がある。紅葉シャトルバス運行日に、彦根駅西口バス乗り場で8時30分〜11時の間発売予定。

京阪電車びわ湖1日観光チケット
(京阪電鉄)　　　　　700円

京阪大津線(京津線御陵駅〜びわ湖浜大津駅間・石山坂本線石山寺駅〜坂本比叡山口駅間)が1日乗り降り自由。坂本ケーブルなど沿線施設の34ヵ所で割引などの特典がある。京阪電鉄京津線・石山坂本線の主要駅で発売。

お〜み満喫バス
(近江鉄道)　　　　2,000円

近江鉄道の電車全線と湖南・湖東をカバーする近江鉄道バス、湖国バスの路線が1日乗り降り自由のフリーきっぷ。八幡山ロープウェイも1往復利用できる。近江鉄道の米原、彦根、近江八幡、八日市、貴生川の各駅で発売。

彦根ご城下巡回バス1日乗車券
(湖国バス)　　　　　400円

彦根駅から龍潭寺・彦根城・銀座街を周回する「彦根ご城下巡回バス」が1日乗り降り自由。彦根城などの観光施設の割引特典付きで、オーミマリンの竹生島・多景島航路にも1割引で乗船できる。3月上旬〜11月下旬の土・日曜、祝日を中心に、桜シーズン、GW、夏休み、紅葉シーズンの巡回バス運行日に車内で発売。

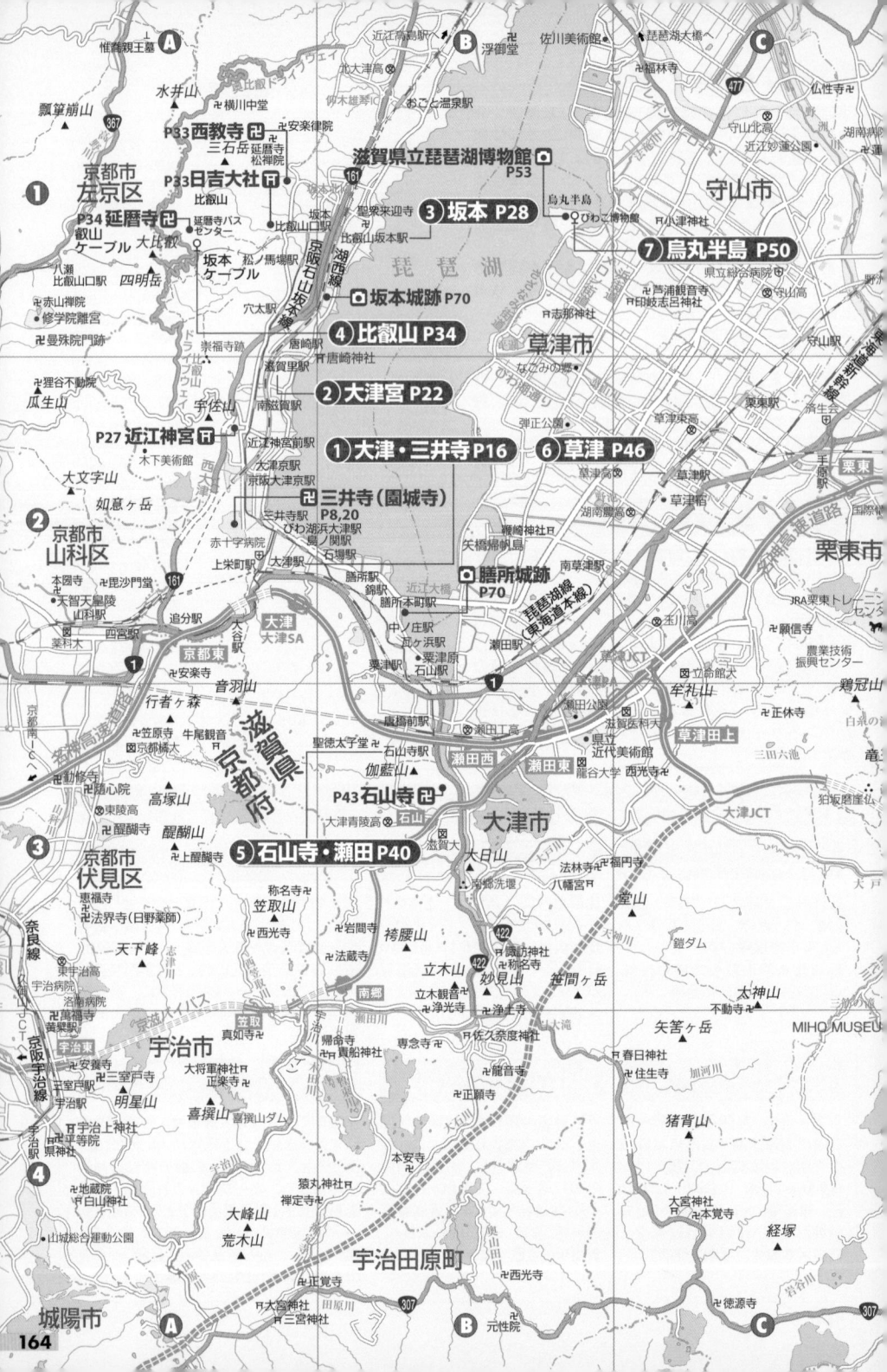

大津・湖南・甲賀

N　0　2km
1:145,000

D　近江八幡駅へ
近江八幡市

E　平田駅　近江八幡駅へ　太郎坊宮前駅
近江鉄道
万葉あかね線　市辺駅

F　新八日市駅
米原市駅

⑭八日市 P90

野洲市

東近江市

⑭ 八日市 P90

雪野山

竜王町

竜王

⑮日野 P96

日野町

⑧石部 P56
湖南市

大池寺 P65

⑨水口 P62

水口城跡(水口城資料館)
P65,70

甲賀市

信楽

⑩信楽 P66

滋賀県立陶芸の森 P69

伊賀市

滋賀県
三重県

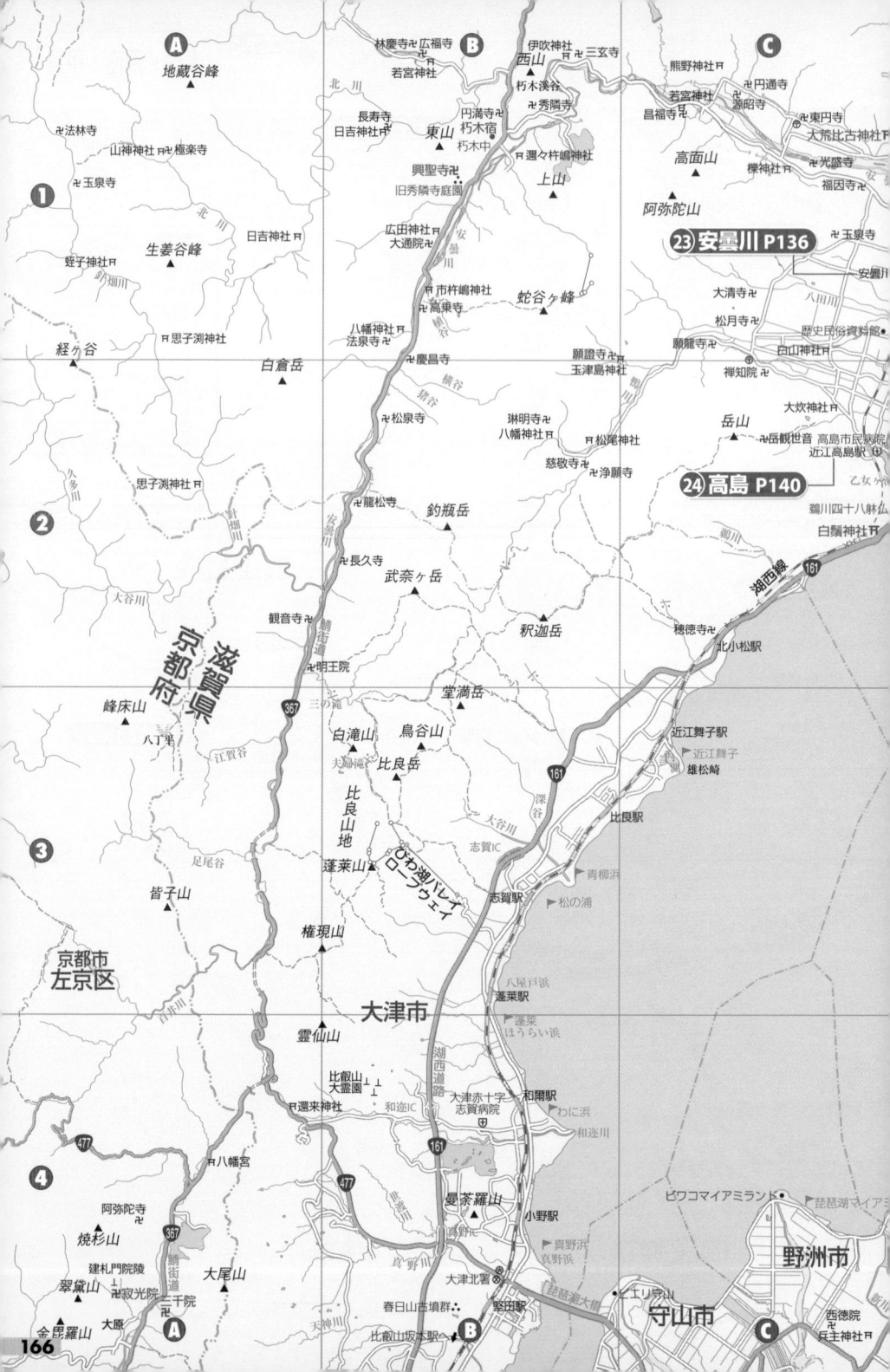

D

E

F

①

172-173

170-171

166-167

168-169

164-165

②

P134多景島📷

琵　琶　湖

滋賀県立大

中央病院

彦根駅

荒神山公園

荒神山

荒神山神社

河瀬高

河瀬駅

彦根市

彦根工高

尼子駅

③

宝来ヶ岳

沖島 P134

伊崎不動

伊崎山

宮ヶ浜

西広寺

大間山

報恩寺

愛知川

稲葉神社

唯念寺大

豊郷町

豊郷駅

聖泉大

稲枝駅

東海道新幹線

東海道本線

琵琶湖線

正法寺

⑧

休暇村近江八幡

能登川水車とカヌーランド

大中の湖南遺跡

大浜神社

能登川駅

能登川高

北向岩屋十一面観音

和田山

愛知川駅

愛知高

豊満神社

長命寺

P70観音寺城跡

P70,81安土城跡

水郷めぐり

西の湖

石馬寺 P9,86

近江商人屋敷

石塔寺

愛荘町

西光寺

ヴォーリズ記念病院

⑫ 安土 P78

運動公園

八幡山

近江八幡

八幡山城跡

瑞龍寺

八幡公園

旧西川家住宅

ミュージアム

日牟禮八幡宮 P76

今宮天満宮

かわら

浄巌院

繖山（観音寺山）

沙沙貴神社

安土駅

瓢箪山古墳

観音正寺

⑬ 五個荘 P84

五箇荘駅

湖東近江路線

近江鉄道

押立神社

④

河辺の森駅

東近江市

近江八幡市

日野村神社

市立総合医療センター

八幡駅

近江八幡 P72

近江鉄道

万葉あかね線

武佐駅

⑪ 近江八幡 P72

八幡高

太郎坊宮（阿賀神社）P93

老蘇の森

箕作山

山の神古墳

瓦屋寺

日野駅

東近江市

草津駅

京都駅へ

八日市駅へ

D

E

F

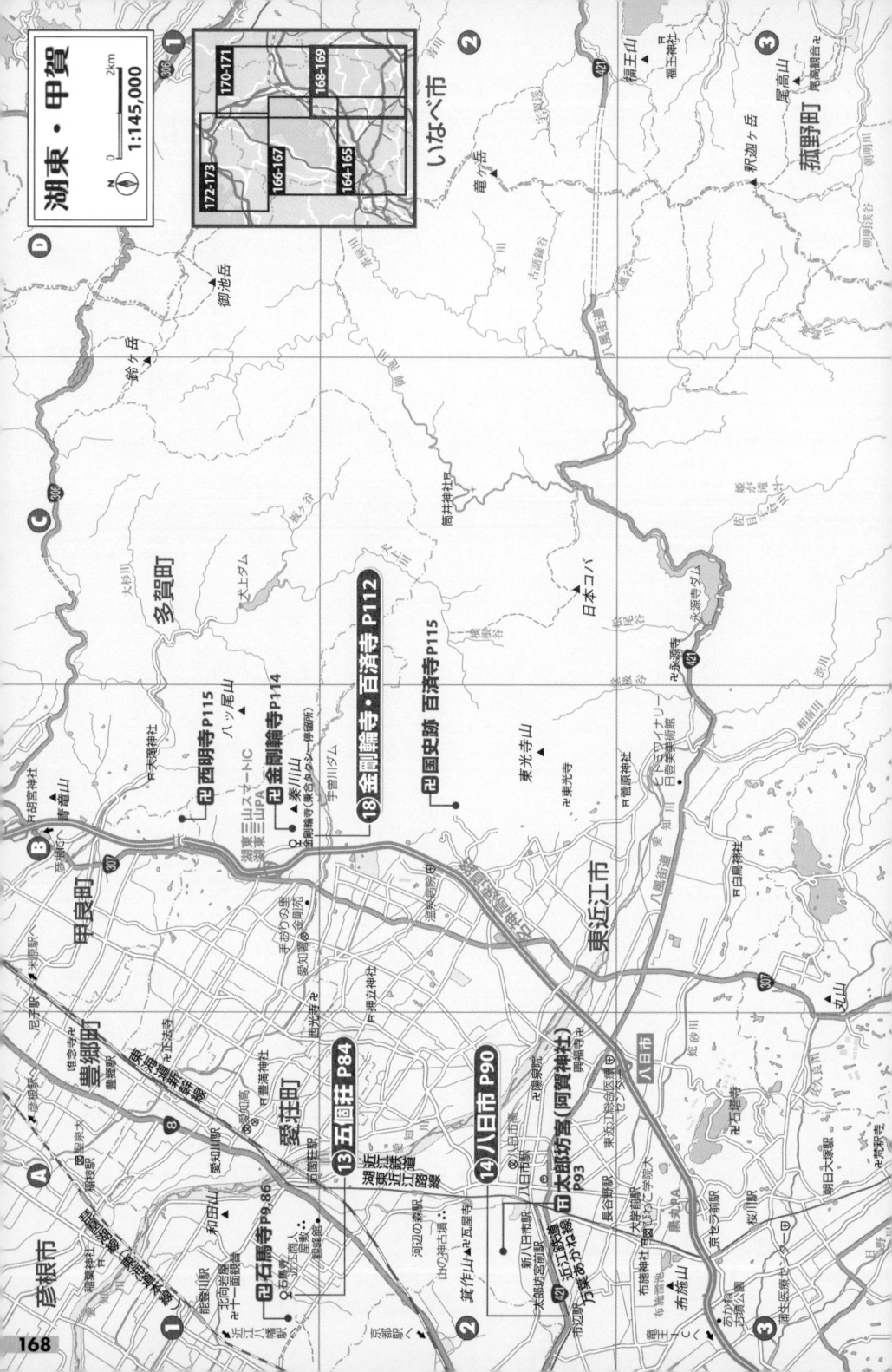

湖東・甲賀

N
0   2km
1:1,145,000

D
170-171
168-169
172-173
166-167
164-165

1
2
3

いなべ市

孤野町

多賀町

巴西明寺 P115
巴金剛輪寺 P114
18 巴金剛輪寺・百済寺 P112
巴国史跡 百済寺 P115

甲良町

豊郷町

彦根市

東近江市

八日市

13 五個荘 P84

愛荘町

巴石馬寺 P9,86

14 八日市 P90

巴太郎坊宮[阿賀神社] P93

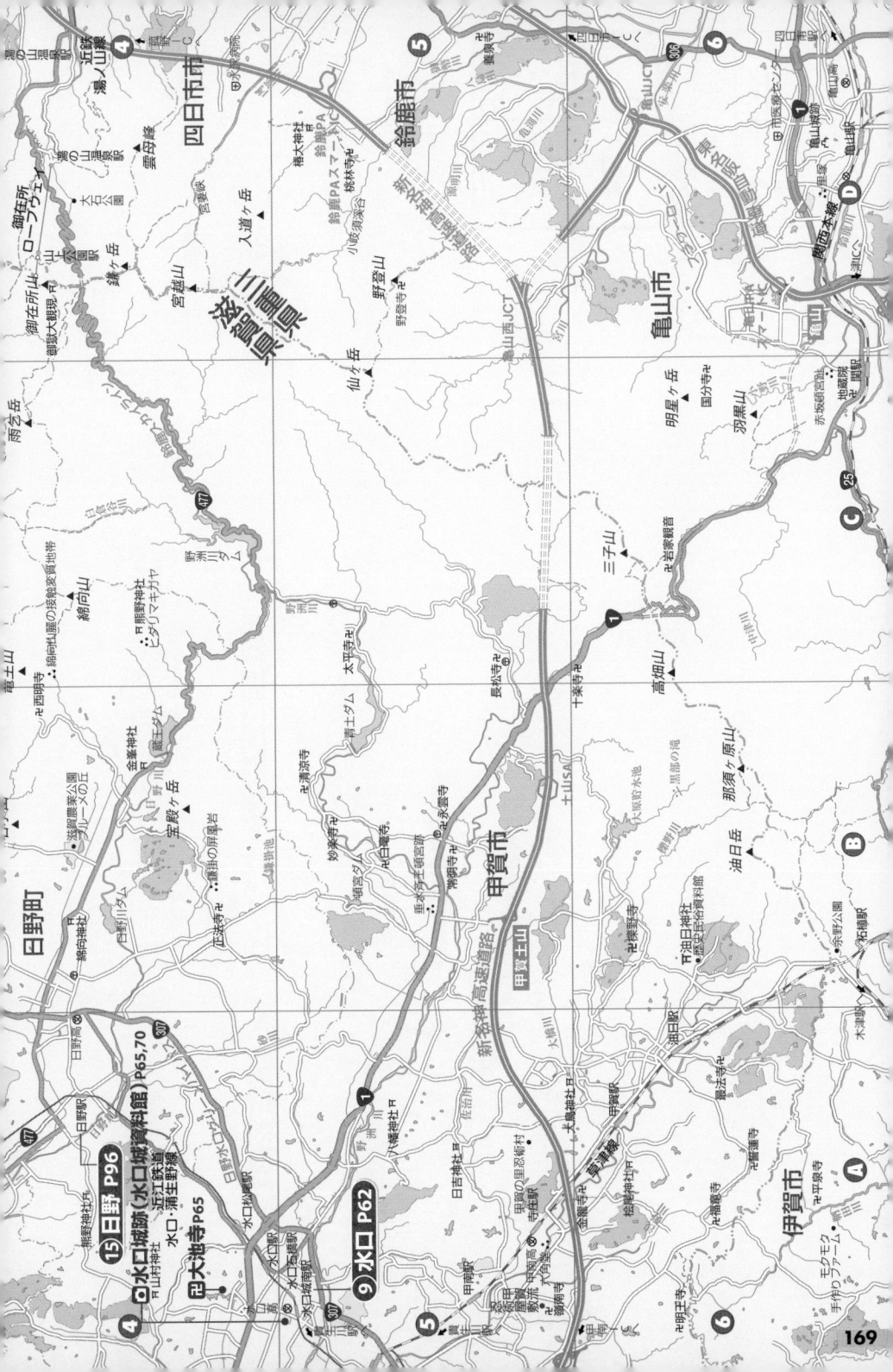

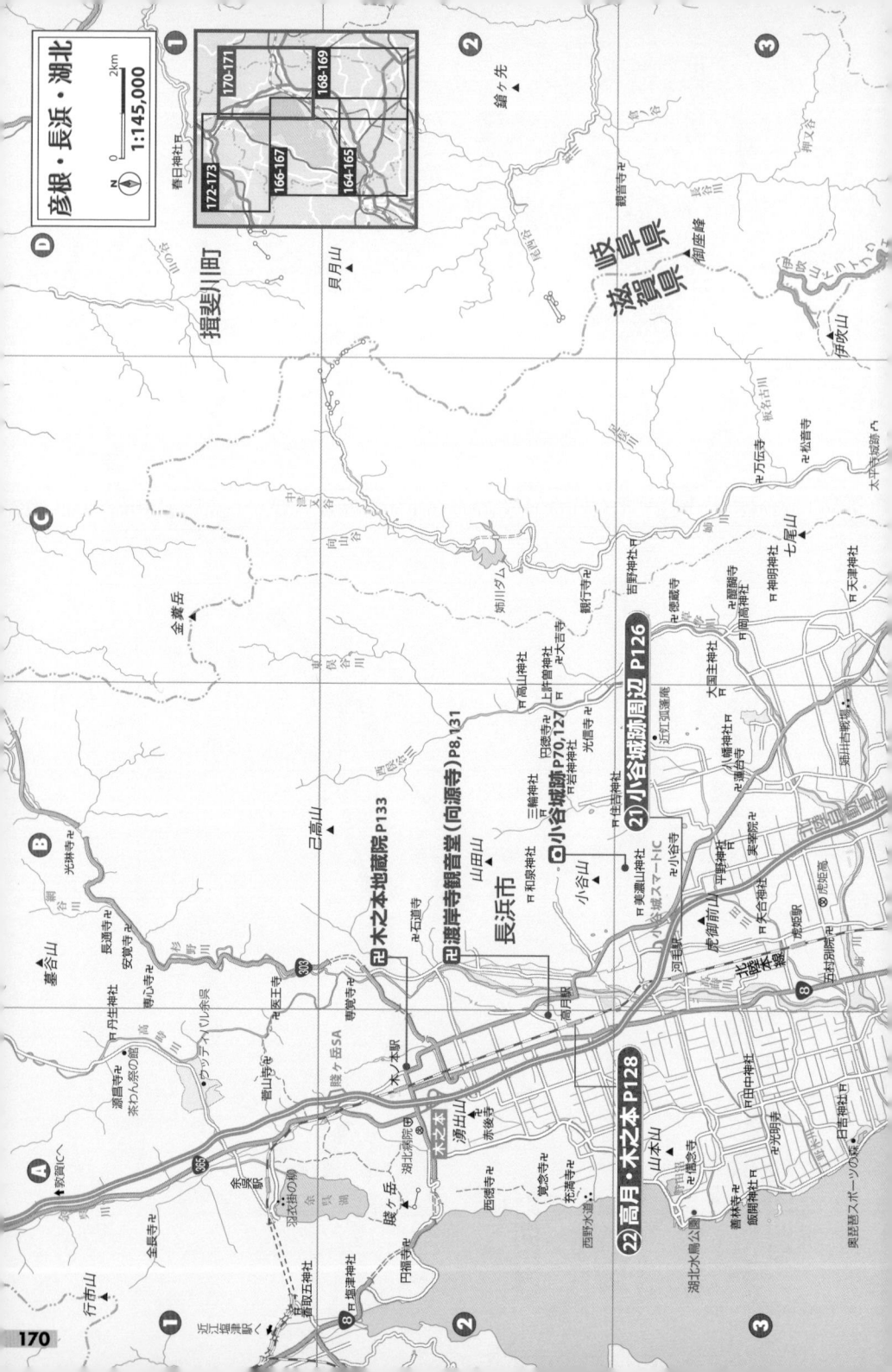

1:145,000

0 2km

N

170-171

168-169

172-173

166-167

164-165

D

岐阜県

滋賀県

御座峰

揖斐川町

貝月山

C

金糞岳

21) 小谷城跡周辺 P126

木之本地蔵院 P133

渡岸寺観音堂(向源寺) P8,131

長浜市

小谷城跡 P70,127

B

己高山

山田山

小谷山

木ノ本駅

賤ヶ岳SA

木之本

湖北町

22) 高月・木之本 P128

A

彦根ICへ

湖北水鳥公園

琵琶湖スポーツの森

余呉湖

1 2 3

④ 四ヶ原山

岐阜県

三ヶ大市 ⑥

いな○市

大垣市

□ 米原市柏原宿歴史館 P119

関ヶ原町

⑤

□ 岐阜県

D

烏帽子岳

⑲ 醒井・柏原 P116

C

高室山

高室山

□ 佐和山城跡 P70

多賀町

米原市

⑰ 多賀 P108

同 多賀大社 P111

彦根市

B

卍 大通寺 P125

黒壁スクエア
P124

長浜城（長浜城歴史博物館）
P122

⑳ 長浜 P120

P105 龍潭寺 卍

琵 琶 湖

□ 多景島 P134

P70,106彦根城 □
彦根城

P70,106彦根城 □

⑯ 彦根 P102

A

若狭湾

①

御神島
常神
神子崎
神半島
常神神社
慶雲寺
神子
三方五湖
レインボーライン
岳山
日向湖
美浜町
松原
早瀬
小浜線

千島

海釣り公園みかた
海蔵院
全昌院
小川
遊子
笹田神社
久々子
美浜駅
若狭鉄道

世久見湾

塩坂越
梅丈岳
竜沢寺
熊野神社

沖の石
獅子ヶ崎
鳥辺島
島辺島
水月湖
三方五湖
宇波西神社
気山駅
円後街道
矢筈

黒崎
世久見
菅湖
若狭三方
銚子ヶ谷

老人碓
七蛇鼻
久須夜ヶ岳
小鯛ノ鼻
三方マリンパーク
三方五湖PA
三方湖
三方五湖
第一料金所
三方石観音
臥竜院
前川神社
向陽寺

②

法雲寺
再小川
加国
セルフ
常福寺
和田戸崎
奈胡崎
矢代崎
矢代
元海寺
永源寺
田烏
162
若狭町
浄林寺
徳林寺
三方駅
安養寺
串川川

25 小浜 P146

熊野神社
仏谷寺
甲ヶ崎
児見
瑞月寺
明神
天養寺
長福寺
貫船神社
田島
藤井駅
能登神社

P9 羽賀寺
小浜湾
県立大学
神福寺
一言神社
若狭自動車道
八幡神社
十村駅
円成寺

小浜城跡
P149
小浜公園
空印寺
山神神社
慶林寺
若狭上中
円成寺
専照寺

26 東小浜 P152

後瀬山城跡
小浜駅
若狭高
正林庵
長英寺
日枝神社
大鳥羽駅
石按神社
三十三間山

③
西舞鶴
IC
長寿寺
妙楽寺
円照寺
162
小浜線
27
国分寺跡
若狭東高
松永川
平野駅
多田寺 P155
加茂神社
長泉寺
長江庵
覚永寺
若狭有田駅
恵比須大神社
長福寺
福井県
滋賀県

P155 若狭姫神社
大智寺
多田ヶ岳
法雲寺
上ノ塚古墳
正明寺
天徳寺
上中駅
上ノ塚古墳
福乗寺
浄慶寺

P155 若狭彦神社
萬徳寺 P157
蓮華寺 薬師堂
P155

P156 若狭神宮寺
明通寺
鵜の瀬公園
宝泉寺
広嶺神社
千石山
熊川宿
宿場館
303
白石神社
武奈ヶ
二の谷山
宝昌寺

小浜市

河内川ダム
河内川
八幡神社
太陽寺

半三番滝

宗福寺
広峯神社
駒ヶ岳
百里ヶ岳
白石神社
高雲寺
日吉神社
367

④

INDEX
―索引―
■■■ 見どころ ■■■

近江 琵琶湖 若狭

2020 年 9 月 15 日初版印刷
2020 年 10 月 1 日初版発行

編集人　田村知子
発行人　今井敏行
発行所　JTB パブリッシング
　　　　〒 162-8446　東京都新宿区払方町 25-5
　　　　https://jtbpublishing.co.jp/

編集／ Tel 06-6345-1011
販売／ Tel 03-6888-7893
編集・制作／西日本支社
　　　　〒 530-0002　大阪市北区曽根崎新地 2-2-16
　　　　西梅田 MID ビル 3 階
組版／凸版印刷
印刷所／凸版印刷

編集・取材スタッフ／パーソナル企画 (赤松賢一／大久保郁子
／長谷川ゆかり／八木孝)、川端洋之、大江吉秀、山本裕平、
夏宮橙子、赤澤良久、前川久夫
PULS (JTB パブリッシング編集制作分室)

デザイン／ Design Cue inc. (土田伸路、百崎ゆう)

表紙デザイン／土田伸路 (Design Cue inc.)

表紙写真／近江八幡 八幡堀 (P76)

写真協力／三上富之、(公社) びわこビジターズビューロー、
田中重樹、田中秀明、アフロ、PIXTA、関係各社寺・施設・機関

地図／マイナビ出版、ジェイ・マップ、千秋社、庄司英雄

・この地図の作成に当たっては、国土地理院発行の 50 万分の 1 地方図、5 万分の 1
地形図、数値地図 25000 (空間データ基盤) を使用しています。
・本書掲載のデータは 2020 年 7 月末日現在のものです。発行後に、料金、営業時間、
定休日、メニュー等の営業内容が変更になることや、臨時休業等で利用できない場合
があります。
・各種データを含めた掲載内容の正確性には万全を期しておりますが、おでかけの際に
は電話等で事前に確認・予約されることをお勧めいたします。なお、本書に掲載された
内容による損害等は、弊社では補償いたしかねますので、予めご了承くださいますよう
お願いいたします。
・本書掲載の商品は一例です。売り切れや変更の場合もありますので、ご了承ください。
・本書掲載の入館 (拝観) 料は大人料金を掲載しています。また、定休日は、年末年
始・お盆休み・ゴールデンウィーク・臨時休業を省略しています。
・本書掲載の利用時間は、特記以外原則として開館(店)〜閉館(店)です。入館(店)やオー
ダーストップ時間は、通常閉館 (店) 時刻の 30 分〜 1 時間前ですのでご注意ください。

204587　803912
ISBN978-4-533-14251-2 C2026
©JTB Publishing 2020
無断転載禁止　Printed in Japan

おでかけ情報満載　https://rurubu.jp/andmore